Pluie de roses

✝

QUELQUES-UNES DES GRACES ET GUÉRISONS

attribuées à l'intercession de

SŒUR THÉRÈSE DE L'ENFANT-JÉSUS

Morte en odeur de sainteté, au Carmel de Lisieux.

1873-1897

Pluie de Roses.

> JE VEUX PASSER MON CIEL A FAIRE DU BIEN SUR LA TERRE.
> APRÈS MA MORT, JE FERAI TOMBER UNE PLUIE DE ROSES.
> (Sr Thérèse de l'Enfant-Jésus.)

I C., Autriche, 29 mai 1899.

Je vous prie, ma Révérende Mère, de m'envoyer quelques souvenirs de sœur Thérèse de l'Enfant-Jésus. J'ai pour elle une grande dévotion, car elle m'a obtenu de grandes grâces. C'est une vraie sainte ! Croiriez-vous que ma femme et moi avons plusieurs fois senti sa présence si vivement que, — pour moi du moins — si je l'avais vue apparaître, je n'en aurais pas été étonné. Elle réalise complètement sa promesse : « Je veux passer mon ciel à faire du bien sur la terre. »

M. D.,
Professeur à l'Université de C***.

II L. (Rhône), 3 novembre 1900.

Votre petite Thérèse vient de guérir un bébé de quatre mois. Cet enfant était depuis plusieurs jours épuisé et mourant, le médecin venait d'annoncer qu'il ne passerait pas la journée. Tout espoir était perdu, lorsque j'apprends la douleur de la mère. Je l'engage à demander à la Sainte Vierge, par l'intercession de sœur Thérèse de l'Enfant-Jésus, la guérison de son enfant, sur la tête duquel nous plaçons une de ses reliques. C'est alors qu'il sortit de cet état de petit cadavre ; on sentait qu'un grand changement venait de se produire. Il était sauvé. Je viens de le voir, il est bien portant et reprend chaque jour de nouvelles forces.

M. C.

III A. (Saône-et-Loire), 4 novembre 1900.

J'étais tombé bien bas, et j'allais glissant chaque jour plus rapidement vers l'abîme. C'est dans cet état que je lus l'*Histoire d'une âme*, et j'y ai trouvé la vie, j'y ai trouvé le chemin du Ciel... Sœur Thérèse de l'Enfant-Jésus m'a vraiment arraché des griffes du démon. Aussi, après Dieu, est-elle tout pour moi.

M. D.

IV Monastère de ***, Canada, mars 1901.

Sœur Thérèse de l'Enfant-Jésus est déjà pour notre Œuvre une douce et puissante patronne...

Ici, une conversion très remarquable a été opérée à Pâques l'année dernière, au moyen d'une de ses petites photographies qui a été portée à son insu par un pauvre pécheur. Depuis cette époque il vit en parfait chrétien.

V

M. (Seine-et-Oise), 20 septembre 1901.

Je vous ai parlé d'une pauvre jeune femme qui, depuis le 26 octobre 1900, était entre la vie et la mort. Les médecins, après de longues hésitations, vu la faiblesse de la malade, avaient renoncé à une opération très grave, jugée nécessaire. Des prières avaient été faites partout sans aucun résultat apparent. Bien plus, l'état s'aggravant de jour en jour, on s'attendait à chaque instant à un dénouement fatal. Mais voici que je parle de votre cher ange, que je vous demande une neuvaine et que je fais parvenir à la malade, avec l'*Histoire d'une âme*, un sachet de cheveux de la chère et vénérée petite sœur Thérèse de l'Enfant-Jésus. A la fin de la neuvaine, changement extraordinaire ! La malade, qui ne quittait pas la chambre, et même le lit, depuis de longs mois, se lève, sort, va à la messe... et, depuis, le mieux continue, s'accentue, et c'est, dans le cœur et sur les lèvres de la pauvre désespérée, un hymne perpétuel de reconnaissance.

Premier effet de la douce et puissante intercession de votre chère enfant.

En voici un second : Dans un pensionnat à V***, une jeune fille tombe tout à coup malade, mais si gravement que les médecins comptent les heures qu'elle a encore à vivre. Aussitôt les religieuses, à qui j'ai donné une vie de votre chère petite sainte, ainsi qu'une mèche de cheveux, commencent une neuvaine et attachent le petit sachet au cou de la malade. Le résultat fut extraordinaire. Au bout de la neuvaine, la malade était levée, et, quelques jours après, elle partait en convalescence, ne voulant plus se séparer de la chère relique de la sainte qui l'avait sauvée.

M. l'abbé ***, *curé*.

VI

(Seine-Inférieure), 29 novembre 1901.

Au mois d'août dernier, dans la nuit du 15, un de mes petits neveux, âgé de dix-huit mois, fut pris d'une forte dysenterie, maladie qui faisait beaucoup de victimes dans le pays. Le médecin venait le voir régulièrement et, chaque jour, il le trouvait plus faible. Il me dit en particulier : « L'enfant est perdu. »

La jeune mère, éplorée, ne savait à quel saint recommander son fils. J'avais beaucoup entendu parler de sœur Thérèse de l'Enfant-Jésus, et, le samedi 17 août, je proposai une neuvaine de prières à cette sainte religieuse ; la nuit fut bien plus calme. Le lundi, il y avait un mieux sensible, et, le jeudi, l'enfant marchait et mangeait comme avant sa maladie ; depuis il va très bien.

Vous dire la confiance que sœur Thérèse de l'Enfant-Jésus s'est acquise dans la famille et dans toute la paroisse est impossible à décrire.

F. A.

VII Grande-Chartreuse de ***, 9 janvier 1902.

Thérèse fait des merveilles ici :

Dimanche soir j'entre chez un Père et j'aperçois sur sa table un livre bien connu : « Tiens, vous lisez sœur Thérèse de l'Enfant-Jésus, et qu'en pensez-vous ? » — « Je trouve ce livre de plus en plus délicieux, exquis... » Ce religieux est sans contredit le plus savant théologien de l'Ordre ; très nourri des saints Pères, et de saint Thomas qu'il a enseigné à Rome, il est l'ennemi implacable de toutes les *dévotionnettes* nouvelles (c'est son expression), par suite, très défiant vis-à-vis des livres récents, et, s'il faut tout dire, surtout s'ils sont écrits par des femmes. Or, lui, l'intègre, l'inabordable, le voilà comme les autres, absolument séduit par les charmes de cet ange !

Mon cher secrétaire ne vit plus spirituellement que de la petite sainte ; il a inscrit au bas de son image : *Raptrix cordium, ora pro nobis* (*Ravisseuse des cœurs, p. p. nous*); c'est une charmante application dont nous constatons tous les jours la parfaite véracité.

Dom C., *Procureur.*

VIII Monastère des Carmes Déchaussés, Wadourie,
Autriche (Gallicie), 9 octobre 1902.
Réparation.

Très Révérende Mère,

L'inscription placée en haut veut indiquer mon devoir de réparer une faute commise par moi envers votre petite sainte, sœur Thérèse de l'Enfant-Jésus.

Il y a deux ou trois ans, quand on me présenta le manuscrit, avec traduction en langue polonaise de la vie de cette petite fleur du Carmel, je me suis permis de faire la remarque que la langue de notre pays ne sied aucunement au style de l'original, et que la lecture ne causerait que du dégoût. C'était comme mettre un frein à l'apostolat de cette élue de Dieu. Elle a dû prendre cela à cœur ; et, en revanche, non seulement a su agir de manière que ladite traduction fût mise au jour, mais, de plus, s'est prise directement à ma personne.

Il y a une huitaine de jours, je suis rentré à la cellule, l'âme toute ballottée par les flots d'une mer orageuse de peines intérieures, et je ne savais où trouver refuge pour m'abriter. Voilà que mon regard s'arrête sur le livre français de la vie de la *sœur vengeresse...* Je l'ouvre, et je tombe sur la poésie : « Vivre d'amour. »

Soudain, l'orage s'apaise, le calme revient, quelque chose d'ineffable envahit tout mon être et me transforme de fond en comble. Ce cantique fut donc pour moi la barque de sauvetage : l'aimable sœur s'étant offerte pour pilote.

Je dois donc constater aujourd'hui que la promesse : « *Je veux passer mon ciel à faire du bien sur la terre... Après ma mort, je ferai tomber une pluie de roses* », s'est réalisée en vérité.

Fr. Raphael de S.-Joseph, *Carm. Déch.,*
Vicaire-Provincial.

(Le R. P. Raphaël Kalinowski mourut en odeur de sainteté, en l'année 1907. Sa cause de béatification est soumise à la sainte Eglise.)

IX   Marnes-la-Coquette (Seine-et-Oise), 10 novembre 1902.

M*** Héloïse Debossu, habitant à Reims, actuellement 9, rue Luiquet, et précédemment 5, avenue de Laon, souffrait depuis une dizaine d'années d'une tumeur fibreuse, située du côté gauche, un peu au-dessous des côtes. De nombreux médecins consultés réclamaient avec instance une opération, devenant chaque jour plus urgente. La malade ne voulut jamais y consentir. En désespoir de cause, elle fut soumise à divers traitements de massage et d'électricité qui ne lui procurèrent qu'un soulagement très passager. Au mois de janvier 1901, son état s'aggrava tellement qu'elle dut garder la chambre et même le lit à peu près continuellement. La maigreur et les souffrances étaient devenues effrayantes. Au mois de septembre, une péritonite venait même de se déclarer. C'est alors que, désespérant du côté de la terre, j'envoyai à la pauvre malade un sachet de cheveux de la chère et vénérée petite sœur Thérèse de l'Enfant-Jésus, en l'engageant à s'unir à une neuvaine que j'allais demander à votre Carmel. Le résultat ne se fit pas attendre. Le dernier jour de la neuvaine, la malade pouvait se rendre à sa paroisse et y faire la sainte communion en action de grâces. Depuis, ses forces n'ont fait qu'aller en augmentant. Sa figure annonce une santé parfaite, et sa maigreur a fait place à un embonpoint et à une fraîcheur de teint qui ne laissent aucun doute sur sa guérison. Tous ceux qui connaissent cette personne, qui l'ont vue si malade et si désespérée, s'accordent à proclamer la chère petite sœur Thérèse de l'Enfant-Jésus comme l'agent merveilleux de sa guérison.

Voilà, ma Révérende Mère, simplement, sans phrases et sans exagération, l'entière et sincère vérité. Aussi, impossible de vous dire la reconnaissance de M*** Debossu pour son incomparable bienfaitrice.

                                                            Cinq ans après : 23 février 1907.

Je soussigné certifie que M*** Héloïse Debossu, née Dauphinot, qui fut guérie à la suite d'une neuvaine faite à sœur Thérèse de l'Enfant-Jésus et de la Sainte Face, décédée au Carmel de Lisieux en 1897, a continué depuis 1902 à jouir d'une excellente santé et qu'elle demeure convaincue que sa guérison, aussi prompte que complète, est due entièrement et uniquement à l'intercession de sœur Thérèse de l'Enfant-Jésus et de la Sainte Face. Les médecins l'avaient condamnée et, même avec une opération, ne répondaient pas de sa guérison. Elle n'a pas été opérée et, à la fin de la neuvaine, elle qui gardait le lit depuis de longs mois, elle allait à pied communier à l'église de sa paroisse.

En foi de quoi, je signe la présente attestation.

                                                            L'abbé D. PETIT,
Ancien directeur du Séminaire de Versailles, actuellement curé de Marnes-la-Coquette.

X   Marnes-la-Coquette (Seine-et-Oise), 23 janvier 1903.

Une dame Jouanne, mariée à un jardinier, et mère de deux enfants dont l'aîné a dix ans, eut à subir, il y a plus d'un an, une opération pour une double hernie étranglée. Elle faillit y laisser la vie. Depuis elle pouvait à peine se traîner, et sa maigreur était extrême. Il y trois semaines environ, cette femme est retombée gravement malade d'une appendicite compliquée d'une péritonite complète. Les médecins déclarent qu'elle est perdue. Un matin de la semaine dernière, le mari se précipite chez moi : « Venez vite, Monsieur le Curé, elle se meurt. » Un grand chirurgien de Paris, celui-là même qui précédemment l'avait opérée de sa double hernie, appelé par son confrère de Ville-d'Avray, était venu la veille pour tenter une opération. La malade avait été endormie. On lui ouvre le ventre, mais on se trouve en présence de tels abcès et de pus répandu, que vite on renonce à toute opération et qu'après quelques points de suture pour rejoindre tant bien que mal les bords de la plaie, on déclare qu'elle n'a plus que quelques heures à vivre, un jour ou deux tout au plus.

J'arrive promptement. La malade ne pouvait plus parler, avait le teint cadavérique, était glacée et semblait ne plus avoir qu'un souffle. Elle gardait cependant sa connaissance. Je lui adresse du fond du cœur quelques mots, je lui recommande de se mettre intérieurement sous la protection de notre bien-aimée petite Thérèse, puis je lui donne l'absolution et l'indulgence de la bonne mort. J'avais oublié les Saintes Huiles, peut-être par une permission de Dieu...

La religieuse qui était près d'elle déclarait qu'elle baissait de minute en minute. Alors je glisse, en la prévenant, sous le traversin de la malade, un des chers petits sachets renfermant des feuilles de roses dont sœur Thérèse de l'Enfant-Jésus avait caressé son crucifix.

Le même jour, les vomissements, qui depuis six jours étaient continuels, cessaient entièrement ; le surlendemain, les médecins déclaraient qu'elle était hors de danger et lui permettaient des aliments. Cinq jours après, le mari venait me dire et la joie de la malade et toute sa reconnaissance pour la chère petite sainte.

Vous le voyez, ma Révérende Mère, un rien qu'a touché cet ange a une valeur et une vertu inexprimables...

Du même, 23 juillet 1907.

M⁻ᵉ Jouanne, femme du jardinier guérie miraculeusement, il y a près de cinq ans, par sœur Thérèse de l'Enfant-Jésus, n'habite plus depuis longtemps déjà ma paroisse ; elle demeure actuellement à Versailles. Je l'ai revue plusieurs fois en parfaite santé ; elle conserve pour notre chère petite sainte la plus vive et la plus durable reconnaissance. Comme moi, elle attribue uniquement sa guérison si surprenante, si éclatante et si subite à la relique de sœur Thérèse. Tous les détails que je vous ai donnés au moment de sa guérison sont de la plus exacte vérité et je les confirme de nouveau en son nom et au mien par la présente.

L'abbé D. PETIT,
Curé de Marnes-la-Coquette.

XI T. (Morbihan), 28 mai 1903.

Que je l'aime, cette petite sœur Thérèse de l'Enfant-Jésus ! Combien de fois n'est-elle pas venue à mon secours dans les luttes acharnées, et pour ainsi dire corps à corps, que me livre l'enfer contre la sainte vertu ? Je ne puis les nombrer. Hélas, ma bonne Mère, depuis trente ans, je subis ce martyre. J'ai soixante ans passés, et l'ennemi est toujours sur la brèche. La mort me serait préférable mille fois à ces luttes journalières. Mon auxiliaire de tous les jours, de tous les instants a été notre bonne Mère du Ciel. Mais depuis cinq ou six mois, la Très Sainte Vierge m'a confié à votre chère sainte, que j'aime autant et plus que si j'étais son frère. Et le bien qu'elle m'a fait, je serais prêt à en rendre témoignage devant quelque tribunal que ce soit, quand viendra le moment où l'Eglise s'occupera d'elle.

Je ne puis que vous engager, ma bonne Mère, à exhorter les âmes que vous sauriez soumises à cette épreuve humiliante de s'adresser à cette chère petite bienheureuse.

P. E.

XII

G., Belgique, juin 1903.

Je suis heureuse de vous dire que je viens d'être subitement guérie en invoquant votre sainte sœur Thérèse de l'Enfant-Jésus. Voici dans quelles circonstances :

J'avais avalé une arête de poisson qui s'était placée transversalement dans ma gorge en me causant les plus vives douleurs. Le docteur appelé, n'est jamais parvenu à l'enlever ; j'ai passé ainsi la nuit sans dormir. Le lendemain midi, la douleur m'a reprise avec violence, alors la pensée m'est venue d'invoquer sœur Thérèse de l'Enfant-Jésus, en appliquant sur mon cou ses feuilles de roses qui m'ont été données. Au même moment, l'arête est sortie.

M. W.

XIII

Monastère de ***, Amérique, 1903.

Elle est toujours croissante la dévotion à notre douce petite sœur Thérèse. Ses précieuses reliques, lorsqu'elles sont appliquées sur les infirmes, les soulagent sans retard. Alors que ma petite nièce était dangereusement malade, elle recouvra la santé dès que nous lui en eûmes appliqué.

Mon frère, qui a eu plusieurs hémorragies de suite, est venu me voir un jour tout découragé ; et comme il refusait de consulter un médecin, dans la crainte d'alarmer sa famille, je lui donnai une relique de la petite sœur Thérèse qu'il mit sur son cœur. Depuis, il n'a plus eu de nouvelle rechute et il est en parfaite santé.

Les Franciscains des Indes-Orientales sont tout à fait épris de la *petite Fleur*, ils disent la Messe à ses intentions et l'invoquent avec grande confiance.

XIV

D. (Côtes-du-Nord), 1903.

Voici des détails sur la guérison de Mme ***. Cette dame est atteinte d'une maladie organique. Il y a deux mois à peine, je trouvai sa fille en larmes, elle me dit : « Ma mère est très mal, on vient de lui donner le saint Viatique, et les médecins affirment qu'elle ne peut en revenir. La veille au soir, on l'a crue morte : enfin, il n'y a aucun espoir. » Alors je portai à la malade une relique de sœur Thérèse de l'Enfant-Jésus, en lui disant d'avoir confiance. Je lui racontai de quelle façon miraculeuse ma mère avait été guérie par elle.

Le soir même, elle éprouva du soulagement. Le lendemain, elle allait mieux ; le jour suivant, elle rendit un calcul qui, s'il était resté, devait causer sa mort. Depuis, elle sort ; la dernière fois que je l'ai vue, elle venait de payer ses médecins qui étaient stupéfaits de la voir debout. Elle proclame bien haut, et ses filles avec elle, que c'est au moment où la relique lui a été remise que la maladie s'est arrêtée. M. P.

XV   P. (Meurthe-et-Moselle), 2 octobre 1903.

Depuis de longs mois, Mlle *** souffrait beaucoup d'un épanchement de synovie au genou et ne pouvait le plier. Depuis le retour de notre pèlerinage à la tombe de Thérèse, la douleur a disparu : elle marche sans difficulté, monte et descend les escaliers avec facilité, elle qui, il y a quinze jours, serait restée toute la journée sur une chaise longue : les craquements des os ont disparu. Gloire à Dieu et merci à Thérèse !
R^d P. ***.

XVI   B. (Ain), 19 octobre 1903.

Pendant une première neuvaine à sœur Thérèse de l'Enfant-Jésus, notre petite fille âgée de trois mois fut plus malade ; le soir du neuvième jour, le docteur nous dit : « Je doute fort que l'enfant soit là demain. » Nous espérions cependant contre toute espérance, et notre confiance ne fut pas trompée, car le dernier jour d'une deuxième neuvaine, notre petite Suzanne était sauvée. Grâces soient rendues à sœur Thérèse de l'Enfant-Jésus !

Puisse Notre-Seigneur acquitter notre dette de reconnaissance en glorifiant bientôt cette chère petite sainte !   F. G.

XVII   A., Australie, 20 mars 1904.

Notre chère petite sainte est toujours fidèle à sa promesse de *passer son Ciel à faire du bien sur la terre*. Un de nos amis, qui occupait une situation distinguée et très en vue, avait succombé à la tentation de l'intempérance ; il avait contracté des dettes considérables et était tombé si bas que tout espoir d'un retour au bien semblait perdu. Alors nous nous rappelâmes la promesse de votre angélique petite sainte et nous l'invoquâmes avec une grande confiance, en promettant de le faire savoir à Lisieux si nous obtenions cette conversion. Et nous l'avons obtenue ; c'est une conversion vraiment miraculeuse.   S. C.

XVIII   X., 9 juin 1904.

Votre aimable petite sainte, qui aimait tant les âmes sur la terre, nous a prêté son concours. Dans le courant de mars, maman plaça dans un vêtement de mon père une relique de celle que nous appelons *la fleur du Carmel*, la suppliant de nous venir en aide, et, le 1er juin, après trente ans passés dans l'oubli de Dieu, il est allé se confesser et a communié le jour de la fête du Saint Sacrement.

XIX   Chartreuse de***, Suisse, 15 juin 1904.

Le V. P. Prieur me charge, en qualité de secrétaire, de vous écrire qu'il est redevable à sœur Thérèse de l'Enfant-Jésus de plusieurs faveurs.

Une, entre autres, lui tenait beaucoup au cœur, mais rencontrait de grandes difficultés : et grâce à l'intercession de votre sainte Carmélite, tout a bien réussi, même au delà de ses espérances ; les choses se sont arrangées d'elles-mêmes comme par enchantement. Aussi, pour témoigner sa reconnaissance, il a fait célébrer quarante messes en l'honneur de la Très Sainte Trinité, pour la remercier de tout ce qu'elle a fait pour cette âme de choix, cette religieuse si privilégiée.　　　　　　Dom A***.

XX
N. (Loire-Inférieure), avril 1905.

Une de nos Sœurs eut, en avril 1904, une fistule sous l'aisselle avec un engorgement de ganglions ; d'après le docteur, elle ne pouvait guérir sans opération. La malade, pleine de confiance en la chère petite sœur Thérèse, appliqua sur le mal un sachet contenant des cheveux de la *petite Reine*. Les douleurs augmentèrent d'abord, mais quelques jours après, la suppuration diminua, les glandes qui étaient nombreuses disparurent aussi ; et, au bout d'un mois, la Sœur se servait de son bras, ce qu'elle n'avait pu faire depuis plusieurs mois. Aujourd'hui elle est complètement guérie.　　　　　　S. M.

XXI
N. (Meurthe-et-Moselle), 7 mai 1905.

Une jeune fille de dix-neuf ans, très chère à ma famille, était atteinte de l'appendicite. Quand les médecins s'aperçurent du mal, il était déjà trop tard. Cependant, après avoir longtemps hésité, l'opération fut décidée, mais la grangrène s'était déjà étendue aux parties environnantes, et l'opération dut être écourtée. Huit jours après, la pauvre jeune fille était à toute extrémité ; et on n'attendait plus qu'un dénouement prochain. De plus, une fissure s'était produite dans l'intestin et avait singulièrement compliqué le cas : bref, suivant toutes les prévisions humaines, tout espoir était perdu.

Je m'empressai de porter à la mourante ce que j'avais de plus cher : des cheveux de sœur Thérèse de l'Enfant-Jésus, et une neuvaine fut commencée. Deux jours après, subitement, la fissure se ferma ; et, depuis ce moment, le mieux a continué, si bien et si vite que la chère malade est absolument hors de danger, se lève plusieurs heures par jour et n'a plus qu'à reprendre des forces.

L'étonnement des médecins ne peut s'exprimer. « Je vous avoue, disait le chirurgien en chef, que je n'avais jamais eu le moindre espoir, je la croyais bien perdue... Cette guérison est un phénomène, c'est à n'y rien comprendre. »

Nous, ma Révérende Mère, nous comprenons bien !　　　M. R.

XXII
F., Portugal, 26 septembre 1905.

Thérèse m'a assisté dans les retraites pastorales que j'ai données au clergé. Ces retraites ont été les plus nombreuses et les plus fructueuses de toutes celles que j'ai prêchées jusqu'ici. L'une d'elles a été suivie par

Monseigneur et son Chapitre, ainsi que par les deux tiers du clergé de l'île. Hier soir, dans la dernière méditation, j'ai exhorté tous les prêtres à remercier notre ange d'amour du bien qu'elle nous avait fait.

R⁴ P. DE S., S. J.

XXIII C., Alsace, 23 novembre 1905.

Une personne d'ici, très tourmentée par le démon, a été immédiatement délivrée de cette obsession par une image de sœur Thérèse de l'Enfant-Jésus.

C. T.

XXIV L., Portugal, 8 décembre 1905.

Une nouvelle et prodigieuse grâce vient d'être obtenue par sœur Thérèse de l'Enfant-Jésus! Le Comte de X., un jeune homme tuberculeux et presque à la mort, ne voulait pas se confesser. J'écris à sa mère de prier sœur Thérèse de l'Enfant-Jésus. Peu de jours après, lui-même demande la confession, et de telle manière qu'il laisse tout le monde au comble du bonheur.

Une dame qui se trouvait dans une difficulté énorme, presque impossible à vaincre, met l'affaire dans les chères mains de Thérèse, et, tout de suite, la difficulté disparaît.

Enfin, vous ne pouvez vous faire une idée, ma Révérende Mère, du bien que votre petite sainte fait ici. Afin qu'elle puisse en faire davantage encore, plusieurs fois par semaine mon chapelain, Monseigneur ***, continue à célébrer la sainte Messe pour être offerte à ses intentions charitables.

Comtesse DE S.

XXV De la même, 25 janvier 1906.

Je recevais, il y a quelques instants, la visite de Monseigneur l'archevêque de *** qui m'a raconté le trait suivant :

Un curé très saint, très zélé, et dont Monseigneur avait le plus grand besoin, tomba dangereusement malade. Aussitôt Sa Grandeur invoque sœur Thérèse et lui promet une messe pour sa béatification. Tout de suite on vient lui dire que le curé était mieux. L'Archevêque me confia qu'il avait douté de cette soudaine guérison et qu'aussitôt le malade se retrouva à l'extrémité. Alors, craignant que ce ne fût son peu de foi, il redoubla ses prières avec entière confiance en sœur Thérèse de l'Enfant-Jésus. Aussitôt, le curé revint à la vie, et le voilà guéri !

Je continue plus que jamais à faire célébrer des messes pour toutes les intentions de son cœur d'apôtre, afin qu'elle fasse pleuvoir sans cesse de nouvelles roses sur la terre.

XXVI Monastère de S., Belgique, 2 avril 1906.

Depuis plus d'un an, je souffrais de l'estomac, à la suite d'une chute faite du haut d'un autel. On me fit consulter, mais le médecin ne put définir la maladie ; tous les remèdes semblaient inutiles. Je dus suivre un régime : on me mit au repos complet et je ne devais prendre que du lait et des œufs. Bientôt même il me fut impossible de digérer les œufs. Bien des jours et des nuits se passèrent dans la souffrance. Le médecin finit par croire à l'existence d'une petite plaie et s'avoua impuissant à me soulager. Mais Jésus voulait me guérir par l'intercession de la chère petite sœur Thérèse de l'Enfant-Jésus.

Les premiers jours de la neuvaine que nous fîmes à cette aimable sainte, je ne sentis aucun mieux. Cependant j'avais toujours la certitude qu'elle allait me guérir. Je ne m'étais pas trompée. Le 25 mars, dernier jour de la neuvaine, après la sainte communion, je ressentis tout à coup des douleurs très aiguës qui durèrent de quatre à cinq minutes, puis le mal disparut complètement.

Depuis longtemps je vénérais sœur Thérèse de l'Enfant-Jésus ; mais de combien la guérison qu'elle vient de m'accorder a augmenté ma vénération pour elle !
S' M. W.

De la même, 17 mai 1907.

Je suis heureuse de pouvoir vous dire que la guérison obtenue, il y a plus d'un an, par l'intercession de la chère petite sœur Thérèse de l'Enfant-Jésus, s'est maintenue jusqu'ici. Je ne souffre plus du tout de l'estomac et je puis suivre la vie de communauté.

XXVII
X., Angleterre, 1906.

Lorsque nous étions à Northwood, sœur Thérèse de l'Enfant-Jésus y fit un vrai miracle : la conversion au catholicisme de toute une famille protestante.
F. J.

XXVIII
Carmel de Cracovie, Autriche. 20 mai 1906.

Je suis heureuse d'envoyer cette déclaration du R. P. Casimir K*** au cher Carmel de Lisieux, et d'ajouter que la dévotion à notre chère angélique petite sœur se répand de plus en plus dans ce pays, grâce à sa vie écrite en polonais et aux faveurs que l'on reçoit par son entremise.

Nos reliques de sœur Thérèse sont tout à fait épuisées ; nous vous serions bien reconnaissantes de nous en envoyer quelques-unes, car on nous fait de nombreuses demandes.

Le 19 mai, le R. P. K*** est venu dire chez nous une messe d'action de grâces où le frère Boron a communié. Ce dernier a dit qu'il se sent tout rajeuni, tout renouvelé, et mieux portant qu'il ne l'a jamais été.

Déclaration du R. P. K***, S. J.

Cracovie, 19 mai 1906.

Le frère Ignace Boron, coadjuteur de notre Compagnie de Jésus, souffrait cruellement de pierres dans le foie, depuis Noël 1905 jusqu'au 20 mars de cette année. Deux médecins, professeurs de l'Université, MM. P*** et D***, avaient déclaré le mal incurable. Le professeur K***, célèbre chirurgien, disait qu'une opération était indispensable.

Après avoir fait inutilement plusieurs neuvaines, nous en avons commencé une au Sacré-Cœur et à la très sainte Vierge par l'intercession de sœur Thérèse de l'Enfant-Jésus de Lisieux. Le deuxième jour de la neuvaine, le frère eut une crise, et le troisième, il se leva complètement guéri, au grand étonnement des docteurs qui déclarèrent le fait inconnu à la médecine.

Pluie de Roses.

XXIX A., Italie, 2 juin 1906.

Il y a quelque temps, je vous priais de recommander à votre ange, sœur Thérèse de l'Enfant-Jésus, un pécheur endurci. Ce pauvre pécheur est rentré dans le chemin du ciel. Grâces soient rendues à Dieu par sa fidèle servante !

XXX F. (Seine-et-Marne), 29 juillet 1906.

Madame A. est malade depuis de longues années. Il y a quelques mois, elle a eu une crise néphrétique qui a duré plusieurs jours. Elle était en grand danger si elle ne rendait le calcul, cause de la crise. Après l'avoir plongée dans des bains chauds, souvent et longtemps, mais toujours en vain, l'idée m'est venue d'invoquer sœur Thérèse de l'Enfant-Jésus. J'avais pleine confiance, je venais de lire l'opuscule *Appel aux petites âmes*. Au bout d'un instant, la malade a rendu un calcul rempli d'aspérités pointues. Elle était sauvée. M. S.

XXXI V., 20 août 1906.

J'aimais, il n'y a pas longtemps, le succès ; Dieu a permis qu'il m'en vînt, et je ne dis pas cela par orgueil, car j'en vois maintenant toute l'inanité, mais pour vous montrer, ma Révérende Mère, l'action de votre sainte petite sœur.

Quand j'eus fini mes études, mon père me conduisit souvent à Paris ; et, comme j'avais composé des poésies qu'ils trouvèrent bien, je fus reçu chez des maîtres, des savants célèbres, et je considérais cela comme une gloire qui m'éblouissait. On ne me donnait que des louanges. Qui peut savoir le mal que cela me fit ! Voilà dans quelles dispositions je lus l'*Histoire d'une âme*.

Ce délicieux livre m'a doucement ouvert les yeux ; il m'a profondément remué ; il m'a fait comprendre de sublimes choses et entrevoir de belles joies que ni la gloire, ni la science ne donneront au cœur humain.

Sans doute, vous qui vivez de la vie du monastère, trouverez ceci bien ordinaire ; mais, si vous vous rendiez compte de l'étape que doit franchir un jeune homme du monde, à 24 ans, pour en venir où j'en suis, — si peu haut cela soit-il — vous conviendriez avec moi que sœur Thérèse de l'Enfant-Jésus m'a accordé une grande grâce.

A. DE ***.

XXXII Nancy (Meurthe-et-Moselle), 11 septembre 1906.

Gabriel-Marie-Antoinette Barroyer, née le 4 août 1896, est tombée malade en décembre 1900. Des suites d'un fort rhume et d'une rougeole infectieuse lui est venue la terrible maladie appelée tuberculose. Du nez et des yeux, il sortait un pus dont l'odeur nauséabonde était si repoussante qu'il fallait vraiment la tendresse et le dévouement de ses parents pour procéder au nettoyage si minutieux de ces parties malades.

En mars et avril 1901, le mal empira et le péritoine se contamina comme les yeux et le nez ; le ventre devint très gros et très dur ; il se couvrit de boutons énormes d'où s'écoulait également du pus. La petite malade eut des crises très violentes qui formèrent des nœuds sur le dessus de la main droite et au pied gauche. C'était la tuberculose qui gagnait les extrémités. A partir de ce jour, on ne put lever la pauvre enfant que pour la mettre dans une longue voiture, où elle passait ses journées au grand air, dans le jardin.

Vers la fin de cette année 1901, les douleurs des yeux, du nez et du ventre semblèrent diminuer d'intensité ; mais les grosseurs, celle de la main droite surtout, augmentèrent d'une manière effrayante. Le docteur nous dit que c'était la tuberculose qui se localisait, qu'il fallait absolument une opération. Après avoir au préalable essayé toutes sortes de remèdes sans aucun résultat, l'opération fut fixée au mois de mai 1902 : elle réussit bien, mais la maladie était restée ; et, après de grandes souffrances, la grosseur reparut avec une nouvelle vigueur, un peu en dessous de l'ancienne. — En avril 1903, on recommença de nouveau l'opération, on enleva un petit bout de l'os du dessus de la main, os fonctionnant avec le grand doigt et qui se putréfiait ; mais on ne fut pas plus heureux que la première fois ; et, toujours après quantité de soins de toute nature, on recommença une troisième opération en mars 1904. Ce fut en vain ; le mal revint ensuite, plus intense encore que les fois précédentes ; on brûla, pendant de longues séances, au crayon de nitrate d'argent ; rien ne fit.

Un jour, je demandai à voir la main de ma pauvre petite fille, on refusa d'abord, puis on céda enfin à mes instances ; mais quelle douleur j'éprouvai à ce triste spectacle ; on aurait dit deux énormes lèvres d'un bleu noirâtre, toutes tuméfiées. Ce jour-là, on m'avoua qu'il fallait recommencer un quatrième grattage de l'os. Il faut être mère pour comprendre tout ce que renfermait d'inquiétudes pour nous le sort de notre chère enfant.

Quand enfin mon cher cousin, M. l'abbé Renard, inspiré de Dieu, sans doute, touché de notre affliction, ému de voir souffrir ainsi ce petit ange, nous proposa de faire une neuvaine à sœur Thérèse de l'Enfant-Jésus. Nous acceptâmes cette nouvelle espérance, car depuis longtemps nous avions adressé neuvaines sur neuvaines à différents saints de notre choix ; mais Dieu voulait se manifester pour la gloire et l'honneur de sa jeune et si dévouée servante, sœur Thérèse de l'Enfant-Jésus. Mon cousin nous apporta une relique de cette angélique sœur, et chaque soir, pendant la neuvaine, nous l'appliquions sur la main malade. Est-il besoin de dire la foi, l'espérance que nous avions en adressant notre prière à Dieu par l'intercession de sa fidèle épouse ? Mais ce n'est pas à nos prières seulement que nous devons d'avoir fléchi le bon Dieu ; mon cher cousin priait et faisait prier légion de belles âmes avec nous.

Dès le quatrième jour de la neuvaine, un mieux très sensible fut constaté par le médecin et on conclut que l'opération ne serait peut-être pas nécessaire. Le huitième jour, nouvelle visite du docteur ; non seulement le mieux se maintenait, mais cette fois, il nous dit qu'on n'opérerait pas. La bonne sœur Charles, qui soignait ma petite fille, me demanda ce que nous faisions, car la rapidité de cette belle amélioration l'avait frappée. Nous lui donnâmes notre recette. « Ah ! ne vous arrêtez

pas, nous dit-elle, et faites une autre neuvaine, je me joindrai à vous. »
Nous recommençâmes immédiatement une autre supplique, dans les
mêmes conditions que la précédente. A la fin de cette seconde requête,
ma petite Gabrielle fut guérie complètement. Je lui laissai néanmoins un
petit linge sur la main pendant une partie du mois de juillet de la même
année 1904, parce que la peau reformée était encore trop fine, mais,
après cela, je lui laissai la main libre, et depuis elle se fortifie et l'enfant
aussi.

Nous gardons une profonde reconnaissance à Dieu et à sœur Thérèse
de l'Enfant-Jésus, que nous continuons d'invoquer en notre particulier,
en attendant que nous puissions la prier comme une sainte.

E. BARROYER.

Hospice civil de Nancy, 5 mai 1907.

Avec plaisir, je réponds à votre désir d'avoir quelques renseignements
sur la maladie de la petite Gabrielle Barroyer. Pendant trois ans, la
pauvre enfant est venue se faire panser plusieurs fois par semaine ; elle
avait une carie des os de la main droite ; à plusieurs reprises, M. le professeur Frœlich avait ouvert et cureté les os malades ; il y avait quelques
alternatives de mieux, puis la suppuration revenait plus abondante ; au
bout de trois années de soins, la main était, sinon plus malade, du
moins à peu près comme au début. Un jour, à mon grand étonnement,
la plaie avait changé d'aspect et commençait à se cicatriser : la mère de
l'enfant me dit qu'elle avait fait une neuvaine à une petite sœur, morte
au Carmel de Lisieux, en odeur de sainteté. Je conseillai d'en faire une
seconde ; à peine était-elle terminée que le gonflement, la suppuration et
la rougeur avaient complètement disparu, ne laissant plus qu'une petite
marque, pour preuve de l'ouverture qui avait été faite. L'enfant, depuis
cette époque, se porte à merveille.

Puissent ces détails servir à glorifier le bon Dieu, qui a donné tant de
pouvoir à ses saints !

Sr M. CHARLES.

XXXIII   Pensionnat d'A., Italie, 6 novembre 1906.

Une de nos élèves, ayant sa mère prise d'une maladie mentale, s'est
adressée à la petite grande sainte, lui promettant d'écrire à Lisieux, si
elle était exaucée ; et, dès ce moment, les remèdes de l'art, inutiles
jusqu'alors, ont eu un plein succès. Aujourd'hui la malade est complètement guérie, guérison qui se maintient depuis bientôt deux ans.

M. C.

XXXIV   Monastère de M. (Alsace), 24 décembre 1906.

Nous avons envoyé une photographie de sœur Thérèse de l'Enfant-
Jésus à un saint prêtre d'Alsace qui aime passionnément votre ange. Il
nous a répondu que nous ne pouvions nous figurer les grâces que lui
avait apportées la céleste apparition, surtout une grâce de lumière qu'il
souhaitait en vain depuis longtemps, et dont il avait un immense besoin,
pour aider un pauvre pécheur. En contemplant cette physionomie céleste,
la lumière tant désirée lui est venue subitement et complètement ; aussi,

dès le lendemain, ce bon prêtre, dans l'élan de sa reconnaissance, commençait une neuvaine de messes, pour remercier le bon Dieu des grâces accordées à la chère petite sainte de Lisieux.   S^r ***.

XXXV   Monastère de V. (Calvados), 25 décembre 1906.

Sœur Thérèse de l'Enfant-Jésus vient de faire une conversion signalée : celle d'un franc-maçon, absolument obstiné, qui est parfaitement revenu au bon Dieu avant de mourir. On lui avait confié cette cause désespérée.

XXXVI   P. R. (Bretagne), 7 janvier 1907.

Sœur Thérèse de l'Enfant-Jésus vient de m'accorder une grâce inespérée de conversion.

A la fin d'une neuvaine à cette petite sainte, un femme âgée, en état de péché mortel dès avant sa première Communion qui fut mauvaise, après une vie toute de désordres, de scandales et de sacrilèges, s'est sentie prise d'un tel repentir, après avoir contemplé cinq minutes au plus l'image de la Sainte Face, peinte par une de vos sœurs, qu'elle a fondu en larmes et a voulu faire au plus tôt sa confession générale. Vous dire son bonheur actuel et sa reconnaissance envers sœur Thérèse de l'Enfant-Jésus est chose impossible.   R^d P. DE ***, S. J.

XXXVII   R. (Bretagne), 11 janvier 1907.

Au mois de juillet dernier, ma santé, déjà ébranlée par une longue maladie d'estomac, me laissa dans un état de langueur difficile à décrire ; j'étais devenue si maigre qu'il me fut bientôt impossible de faire un mouvement. Je m'alitai le 20 juillet, et, depuis ce jour, incapable même de soulever ma tête sur l'oreiller, je fus obligée de me confier complètement aux religieuses qui me soignaient. Cependant, mon état s'aggravait encore : mon bras droit, devenu paralysé, me refusait tout service ; et les médecins me condamnèrent.

Ma sœur aînée, Carmélite à A, eut la pensée d'invoquer la Sainte Vierge, par l'intercession de sœur Thérèse de l'Enfant-Jésus, pour obtenir ma guérison. Deux neuvaines successives n'amenèrent aucune amélioration. Enfin, nous commençâmes une troisième neuvaine, et la Prieure des Carmélites m'envoya une relique de la robe de sœur Thérèse, m'engageant à la porter sur moi. Pendant cette troisième neuvaine, mon état devint plus alarmant, les médecins, perdant tout espoir, cessèrent leurs visites ; mes parents et les autres personnes qui m'entouraient reconnurent que c'était la fin. Je reçus l'extrême-onction le 29 août au soir ; et, dans la pensée de chacun, tout devait être fini le lendemain matin.

Ma mère eut cependant un dernier espoir ; elle écrivit aussitôt au sanctuaire de Notre-Dame des Victoires pour demander une messe. Nous recourions ainsi de nouveau à la Sainte Vierge, toujours par l'entremise de la petite sœur Thérèse.

La messe fut célébrée le lendemain à 10 h. ½ ; pendant ce temps les supplications redoublèrent, et cette fois le ciel se laissa fléchir. Pendant la messe, une vigueur toute nouvelle me transforma : sœur Thérèse, le dernier jour de la troisième neuvaine, exauçait enfin nos prières.

Nous avions eu recours, précédemment, à Notre-Dame des Miracles, de Bonne-Nouvelle, mais il semblait que la petite sainte voulût que nous invoquions Notre-Dame des Victoires qui la sauva, elle aussi, d'une façon si miraculeuse.

A partir de ce jour, les progrès furent très rapides, les forces me revinrent sensiblement. Et maintenant, je prépare ma jeune sœur aux examens, je me promène chaque jour, et mon estomac me permet de suivre, pour ainsi dire, le même régime que toute autre personne.

MARIE-THÉRÈSE L. (22 ans).

Carmel d'A., 5 mai 1907.

Ma petite sœur Marie-Thérèse est aujourd'hui parfaitement remise, a très bonne mine, pèse 104 livres ; elle était descendue à 50 livres pendant sa maladie, ainsi ce n'était plus qu'un squelette. A présent, ma Révérende Mère, sa santé est très bonne, bien meilleure qu'avant cette maladie. Aussi comment exprimer notre reconnaissance envers la chère petite sainte !

XXXVIII L. (Normandie), 29 janvier 1907.

Je suis un séminariste âgé de 23 ans. Après de nombreux crachements de sang et hémorragies violentes, j'étais arrivé à un tel degré d'affaiblissement que je dus m'aliter le 23 août 1906. Deux médecins jugèrent mon état très grave : une caverne profonde s'était formée au poumon droit, les bronches étaient très endommagées et l'analyse des crachats révéla la présence du bacille de la tuberculose. Les médecins s'avouèrent impuissants et me condamnèrent.

Alors mes parents, éplorés, sollicitèrent ma guérison de Notre-Dame de Lourdes par l'intercession de sœur Thérèse de l'Enfant-Jésus, et je passai à mon cou un sachet des cheveux de cette petite sainte. Les premiers jours de cette neuvaine, mon état s'aggrava : j'eus une hémorragie si violente que je pensai mourir ; on appela en toute hâte un prêtre ; mais, bien que l'on m'engageât à faire le sacrifice de ma vie, je ne pouvais m'y résoudre et j'attendais avec confiance la fin de cette neuvaine. Le dernier jour, aucun mieux ne s'était produit. Alors le souvenir de Thérèse se présenta à mon cœur, la parole qui a si nettement esquissé sa grande âme me pénétra d'une confiance indicible : « *Je veux passer mon ciel à faire du bien sur la terre.* » Je pris au mot la jeune Carmélite. Elle était au ciel, oh ! oui, j'en étais sûr ; j'étais sur la terre, je souffrais, j'allais mourir : *il y avait du bien à faire*, il fallait qu'elle le fît. Serrant donc fortement contre ma poitrine la chère relique, je priai la petite sainte avec tant de force, qu'à la vérité, les efforts mêmes, faits en vue de la vie, eussent dû me donner la mort.

Nous recommençâmes une neuvaine, demandant cette fois ma guérison à sœur Thérèse de l'Enfant-Jésus elle-même, avec promesse, si elle nous exauçait, d'en publier la relation. Dès le lendemain, la fièvre baissa subitement, et, les jours suivants, après l'auscultation, le médecin conclut au rétablissement d'une façon aussi catégorique qu'il avait affirmé la fin. De la caverne du poumon, il n'y avait plus trace, l'oppression avait cessé et l'appétit revenait sensiblement. J'étais guéri.

Mais en même temps qu'elle renouvelait mes forces physiques, Thérèse accomplissait aussi en mon âme une transformation merveilleuse. En un jour, elle a fait en moi le travail de toute une vie.

Je m'arrête, ma Révérende Mère, Dieu m'a mis au cœur une telle reconnaissance que je ne saurai jamais l'exprimer. Aidez-moi à lui rendre grâce.
L'abbé ***.

XXXIX Rome, 3 février 1907.

Dieu soit béni! La neuvaine à sœur Thérèse s'est terminée sans le résultat que nous attendions. Mais que de grâces elles a attirées en mon âme! J'en ressens, d'une manière très sensible, les très heureux effets. A 60 ans, j'éprouve pour mon avancement spirituel une énergie telle que, pour en retrouver trace dans mon existence, je dois remonter aux années de mon grand séminaire. « Cet état d'âme, me disait avec raison mon vénéré supérieur, vaut bien mieux que le miracle demandé et si vivement attendu. »

Oh! veuillez prier et faire prier pour que ces dispositions si heureuses que je dois à la neuvaine, ce surcroît d'énergie spirituelle, cet accroissement de piété durent et progressent jusqu'à mon dernier soupir.
R^d P. D.

XL Carmel de Nîmes exilé à Florence, Italie, 3 avril 1907.

Avec quel bonheur je viens vous dire le miracle opéré par notre angélique sœur Thérèse de l'Enfant-Jésus. Aidez-nous à lui dire merci! Oh! quelle est puissante, ma Mère!

Sr Joséphine, l'une de nos sœurs converses, fut atteinte, le 18 janvier 1907, d'une pneumonie déclarée infectieuse. En quatre jours elle fut à toute extrémité, la fièvre montait à 43°. Aussitôt que je compris la gravité du mal, je m'adressai avec une confiance inébranlable à l'ange de Lisieux; je plaçai son image au chevet du lit de la malade qui, elle, ne désirait pas guérir.

Cependant, le sixième jour de la maladie, le docteur ne nous laissa plus aucun espoir, et nous avertit de lui faire recevoir les derniers sacrements, craignant un dénouement fatal pour le lendemain.

Je voulus passer cette dernière nuit auprès de notre chère enfant; mais nos sœurs m'obligèrent à aller prendre un peu de repos, ce que je fis pour ne pas les contrister, mais en redoublant mes instantes prières à notre sœur du Ciel.

Vers 2 heures du matin, je fus réveillée par une force mystérieuse, j'avais l'intuition que notre Sr Joséphine était à l'agonie. J'accourus immédiatement et la trouvai, en effet, sur le point de rendre le dernier soupir, elle était noire... les yeux vitrés... D'une voix étouffée elle balbutia : « Ma Mère, je ne puis pas mourir ! »

Je dis à la Mère Sous-Prieure qui me pressait de faire les prières des agonisants : « Non, la petite Thérèse la guérira » et je récitai le *Credo* avec toute l'énergie de ma foi. J'avais dans l'âme une sorte de saisissement, comme si notre petite sœur Thérèse de l'Enfant-Jésus m'eût touchée, pour me signifier que le miracle était obtenu. Et je crus à cette touche inoubliable et je dis tout haut : « S᷉ Joséphine est sauvée ! » Elle l'était, en effet. La crise de suffocation s'apaisa, les yeux reprirent de la vie et de l'éclat. Le lendemain, le docteur vint constater lui-même la résurrection de celle dont il croyait constater la mort. A plusieurs reprises il s'écria : « C'est un miracle ! oui, c'est bien un miracle. »

Et maintenant, ma Révérende Mère, que vous dirai-je ? Jusqu'à mon dernier soupir, ces souvenirs resteront gravés dans mon cœur pour en rendre grâce à Dieu.

S᷉ M., *Prieure*.

XLI

A. (Maine-et-Loire), mai 1907.

Dans une chute, ma mère, âgée de 70 ans, s'était brisé une côte, ce qui avait occasionné plusieurs congestions. Depuis un mois, elle luttait entre la vie et la mort. Je commençai une neuvaine à sœur Thérèse de l'Enfant-Jésus et j'écrivis au Carmel ; on m'envoya des reliques, et ma mère qui, la veille, pouvait à peine se dresser seule dans son lit, resta cinq heures levée ; elle alla ensuite de mieux en mieux. Toutes les personnes témoins de ce retour à la vie ont été stupéfaites ! C'était en 1903. Actuellement, ma mère va aussi bien que possible, pour une personne de 74 ans ; elle porte avec confiance et reconnaissance les reliques de sœur Thérèse qu'elle se plaît à appeler sa petite sainte.

M. A.

XLII

Dinan (Côtes-du-Nord), 7 mai 1907.

Au mois de juin 1902, le jour de la Fête-Dieu, ma mère, souffrante depuis le matin, fut obligée de se coucher. Nous croyions à une grippe, mais, le lendemain et les jours suivants, elle fut très malade. Le docteur vint chaque jour pendant plusieurs semaines, essayant de tout et ne voyant pas de quelle nature pouvait être la maladie. Il était impossible de faire prendre à ma mère aucune nourriture, les œufs l'empoisonnaient. Elle était arrivée à un tel état de faiblesse que le docteur ne put nous cacher la gravité du mal. Un second médecin fut alors appelé. Tous deux disaient : « Elle se meurt. »

Madame la Supérieure de l'hospice de Dinan, très dévouée à ma famille, ne nous cachait pas son extrême inquiétude. Un jour, la sœur qui soignait ma mère nous appela en toute hâte. Nous montâmes, mon frère et moi. Maman n'avait plus de connaissance, ses yeux étaient vitrés. Epouvantés, nous envoyons chercher le docteur ; il fit une piqûre d'éther et la connaissance revint. Depuis plusieurs jours elle ne pouvait parler qu'avec une extrême difficulté ; ce jour-là, ce fut bien pis et les crises se renouvelèrent dans l'après-midi. Enfin, le soir, vers 8 h. ½, une dernière faiblesse survint. Quand la violence de la crise fut un peu calmée, la connaissance ne revenant pas, Monsieur l'Aumônier de l'hospice apporta les Saintes Huiles. Mon frère et moi, nous étions comme fous de douleur. Alors, je me rappelle que nous avions une relique de sœur Thérèse de l'Enfant-Jésus : c'étaient des cheveux. Je la mets au cou de maman : immédiatement elle s'endort. Quelques heures après, elle se réveille, parlant parfaitement ; elle me dit qu'elle bien. La sœur et moi n'eûmes pas un instant de doute, ce n'était pas un mieux trompeur. Maman était guérie. Le lendemain elle s'est levée, a voulu manger des œufs ; je ne les lui donnai qu'en tremblant, mais ils ne lui firent aucun mal. Le docteur vint encore pendant plusieurs jours, car il ne voulait pas croire à cette guérison. Il fut bien forcé de convenir de la vérité.

Est-il nécessaire de vous dire, ma Révérende Mère, quels furent notre bonheur et notre reconnaissance. Sœur Thérèse de l'Enfant-Jésus, une fois de plus, *avait fait du bien sur la terre*. M. P.

XLIII N. (Eure), 23 mai 1907.

J'avais appris par M. le Chanoine *** que nombre de grâces miraculeuses sont obtenues par sœur Thérèse de l'Enfant-Jésus. La miséricorde du bon Dieu, par l'intercession de cette petite sainte, s'est aussi manifestée en notre faveur.

Je demandais pour mon cher mari, atteint d'un mal qui ne pardonne pas, la grâce suprême d'une mort chrétienne. Malgré toutes les prévisions contraires, il s'est confessé et a reçu l'extrême-onction en pleine connaissance. M. J.

XLIV X., Tyrol, juillet 1907.

Une pauvre âme craintive, éprouvée par l'affreuse maladie des scrupules depuis plus de quarante ans, et qui en était venue à diminuer l'usage des sacrements, car les tourments les plus affreux la dévoraient à la sainte Table, lit la vie de sœur Thérèse de l'Enfant-Jésus. Depuis qu'elle connaît l'aimable sainte, elle se sent soulagée et consolée, au point de communier jusqu'à quatre fois par semaine.

Le Révérend doyen d'un couvent de Bénédictins a contracté une amitié profonde avec sœur Thérèse de l'Enfant-Jésus. Il porte ses reliques sur lui, il se recommande à elle dans toutes ses entreprises, il veut qu'elle l'accompagne à l'autel et dit qu'elle l'exauce toujours.

Le Prieur d'une autre abbaye, ayant lu le livre de sœur Thérèse, en est dans l'admiration. Il dit : « Je vais recommencer l'éducation de mon âme, je vais suivre les exemples de cette sainte enfant. »

Un professeur de théologie, ayant découvert le livre de Thérèse, ne veut plus s'en séparer. « Je m'en nourris, me dit-il, et j'en nourris mes brebis au confessionnal ; toutes veulent suivre les avis de cette ravissante petite sainte. » C^{ne} P.

XLV B., Portugal, juillet 1907.

Mon petit-fils, âgé de 12 ans, à la veille de passer son examen, fut pris subitement d'une maladie aiguë. Moi, en grande affliction, j'ai demandé, par l'intercession de la servante de Dieu, sœur Thérèse de l'Enfant-Jésus, dont je lisais la vie, le salut de l'enfant. Ma demande fut entendue. Le jour suivant, la maladie disparut et l'enfant passa très bien son examen. T. C.

XLVI
R. (Nord), 11 septembre 1907.

Je suis une pauvre orpheline, et je gagne ma vie en donnant des leçons de français. Il y a deux ans, toutes mes élèves me quittèrent, et je restai une année entière sans donner une seule leçon. Mes ressources étaient épuisées et je me demandais avec angoisse quel serait pour moi le lendemain. C'est alors que je lus la vie de sœur Thérèse de l'Enfant-Jésus. Cette petite sainte m'inspira une telle confiance que je lui fis immédiatement une neuvaine, la suppliant d'avoir pitié de moi. Chose admirable ! le dernier jour de la neuvaine il me vint assez d'élèves pour reconstituer un cours.

M. B.

XLVII
Carmel de R. (Aveyron), 27 avril 1908.

MA RÉVÉRENDE MÈRE,

Permettez à une humble petite sœur du Carmel de venir vous faire part d'une grande faveur dont elle vient d'être l'objet, ces jours-ci, par l'intercession de notre chère sœur Thérèse de l'Enfant-Jésus.

Depuis six ans, ma santé était mauvaise et la faiblesse m'avait occasionné une extinction de voix. Je ne parlais qu'à voix basse depuis seize mois, et encore avec beaucoup de peine. Un grand nombre de remèdes avaient été employés et tous étaient restés sans effet. La communauté avait adressé de ferventes prières au Saint Enfant Jésus de Prague, mais notre aimable « **Petit-Grand** » était resté sourd à nos supplications.

Notre Révérende Mère nous ayant lu, en récréation, les nombreuses faveurs déjà obtenues par l'intercession de sœur Thérèse de l'Enfant-Jésus, et consignées dans la grande édition de sa Vie, la pensée de s'adresser à cette petite sainte pour solliciter le recouvrement de ma voix fut générale, et, le lundi de Pâques, 20 avril, notre Mère commençait en communauté une neuvaine en l'honneur de la Sainte Face, afin d'obtenir par l'intercession de sa dévouée Servante, la grâce désirée. Elle promit, si nous étions exaucées, de propager le plus possible les images de la Sainte Face et aussi la Vie de la petite sainte.

Le second jour de la neuvaine, dans la matinée, étant occupée à un travail manuel, je repassais intérieurement le cantique « *Vivre d'amour* ». Arrivée à ces vers :

> *Vivre d'amour, ce n'est pas, sur la terre,*
> *Fixer sa tente au sommet du Thabor.*

il me prit envie de les chanter. O surprise ! Sans effort, je pus en fredonner quelques mots, quoique péniblement. Le lendemain, je parlais bien distinctement ; enfin, le jeudi, quatrième jour de la neuvaine, je fus complètement guérie. Depuis je chante, je fais la lecture au réfectoire, sans la moindre difficulté ; il y a six ans que j'étais privée de cette satisfaction !

Vous trouverez ci-joint, ma Révérende Mère, un mandat de 300 francs, sur lesquels vous voudrez bien nous envoyer quelques exemplaires de la Vie de notre puissante « petite Reine ». Le reste vous est envoyé par ma famille, pour aider à l'achat de la châsse qui devra renfermer son corps, lorsque l'Église l'aura déclarée bienheureuse.

Ma Révérende Mère,   *De la même, 27 août 1908.*

Le jour de la fête de Notre-Dame du Mont-Carmel, nous avions la joie d'avoir notre pieux évêque, Mgr de Ligonnès, pour célébrer la sainte Messe dans notre chapelle. Sa Grandeur apprit avec plaisir ma guérison et nous raconta en détail celle de sœur Joséphine, du Carmel de Nîmes, exilé à Florence. Dans son dernier voyage à Rome, il avait pu constater lui-même les effets de cette miraculeuse guérison, dans une courte visite qu'il fit à ce Carmel. Monseigneur a fortement recommandé à notre Mère de faire constater par le médecin la guérison de votre humble servante et de se faire donner un certificat, qu'elle est heureuse de joindre au témoignage suivant.

Témoignage de la Révérende Mère Prieure.

L'état de faiblesse générale dont souffrait depuis déjà quelque temps sœur Sainte-Foy avait provoqué une extinction de voix. Elle ne pouvait que très difficilement se faire comprendre. Cet état durant depuis seize mois et les remèdes restant inefficaces, nous eûmes la pensée de demander sa guérison à la Sainte Face de Turin, par l'intercession de sœur Thérèse de l'Enfant-Jésus. Nous commençâmes donc une neuvaine le lundi de Pâques. Notre chère malade, qui professe un vrai culte pour *la petite Reine*, avait surtout une grande confiance. Elle ne fut pas déçue. Dès le second jour de la neuvaine, sa voix devint un peu plus libre, chaque jour le mieux s'accentuait, et, à la fin de la neuvaine, notre chère sœur avait retrouvé sa voix ordinaire. Elle put remplir immédiatement l'office de lectrice au réfectoire, ce qu'elle continua toute la semaine sans fatigue. Quatre mois se sont écoulés depuis, et notre sœur jouit toujours de sa bonne voix. L'état général s'est aussi sensiblement amélioré, et plusieurs accidents qui se produisaient souvent, tels que crachements de sang, n'ont pas reparu.

Notre angélique sœur Thérèse a bien voulu donner une preuve de son affection fraternelle à notre sœur et à toute notre Communauté : qu'elle en soit mille fois remerciée !

Carmel de R., le 27 août 1908.

Sr S., *Prieure.*

XLVIII   Saint-S. (Creuse), 12 mai 1908.

Devant aller prêcher une mission, j'en mis le succès sous la protection de sœur Thérèse de l'Enfant-Jésus, cette âme si fidèle à la grâce pendant toute sa vie. Je promis en retour, au cas où les prédications produiraient des fruits de salut, de les lui attribuer pleinement et de les publier pour hâter sa béatification.

Je tiens à vous dire aujourd'hui, ma Révérende Mère, que cette mission a été particulièrement bénie. Grâce à la puissante intercession de votre sœur du Ciel, les pécheurs se sont convertis en grand nombre. Nous étions très surpris, mon confrère et moi, des accents que le divin Maître nous mettait dans le cœur et sur les lèvres, pour tenir notre auditoire attentif, d'une façon soutenue. Et certes, ils avaient du mérite à nous écouter, les pauvres gens ! car, pendant huit jours, ils venaient tous les soirs de plusieurs kilomètres, parfois de deux lieues, malgré la neige, la pluie et le vent, dans une église où nous les gardions deux longues heures. En s'en retournant, ils étaient obligés de s'éclairer avec des flambeaux pour se préserver des précipices, dans des chemins épouvantables.

Que Dieu bénisse votre Carmel d'avoir fait connaître un ange qui lui ramène tant d'âmes !

C.

XLIX

S., Belgique, 15 mai 1908.

Le Curé de la paroisse de H. se recommande particulièrement à vos prières. Sœur Thérèse de l'Enfant-Jésus, à laquelle il avait confié le succès d'une retraite d'hommes, a attiré de telles bénédictions sur celle-ci et opéré de si éclatantes conversions que toutes ses espérances de pasteur ont été dépassées.

T. P.

L

Je reconnais que ma fille, Reine, âgée de 4 ans ½, était atteinte depuis le 11 janvier 1906 d'une maladie des yeux reconnue incurable par les médecins.

Après seize mois de soins inutiles, ma femme porta notre enfant aveugle sur la tombe de sœur Thérèse de l'Enfant-Jésus et nous commençâmes une neuvaine à cette petite sainte. Dès le deuxième jour, le 26 mai 1908, avant-veille de l'Ascension, pendant que ma femme était à la Messe de 6 heures, car elle se proposait d'y aller tous les jours de la neuvaine, ma petite Reine, après une crise violente, recouvra subitement la vue. Ce que ma femme a d'abord constaté, et moi ensuite.

Le docteur L. tient de ma femme elle-même tous les détails qu'il donne à ce sujet et je les reconnais conformes à la vérité.

En foi de quoi, avec beaucoup de reconnaissance pour le miracle opéré en notre faveur, nous signons le présent certificat avec les témoins.

A. F. — J. F.

Suivent 11 signatures.

Samedi, 12 décembre 1908.

Observation médicale de la jeune Reine F., âgée de 4 ans et demi, demeurant à L..., atteinte de kératite phlycténulaire et guérie le 26 mai 1908.

Reine F. n'a jamais été malade, sauf de la rougeole quand elle avait un an.

Le 11 janvier 1906, elle a commencé à souffrir des yeux. Ses paupières étaient collées et renfermaient du pus, les yeux étaient rouges et irrités. Au bout de quinze jours, on la conduisit au docteur D., qui lui continua ses soins pendant plus d'un an. La malade avait des rémissions pendant quelque temps, puis survenaient des crises plus aiguës. Elle vit trois oculistes : le docteur D. à L., et les docteurs M. et L. à C. Ceux-ci dirent à la mère de ne pas leur ramener l'enfant, parce que ses yeux étaient perdus. Ils étaient, en effet, injectés de sang et couverts de taies blanchâtres (une douzaine environ). L'enfant souffrait beaucoup, surtout la nuit. Elle ne voyait pas pour se conduire et ne distinguait aucun objet placé devant elle. Elle tenait les yeux fermés et portait des lunettes pour souffrir moins.

Touchée de cet état, une religieuse de la Providence à L., maîtresse de la classe enfantine, conseilla à la mère de demander la guérison de sa petite infirme à sœur Thérèse de l'Enfant-Jésus et de la porter sur sa tombe, en lui recommandant d'avoir d'autant plus de confiance que sa fille s'appelait Reine, nom que M. Martin, père de sœur Thérèse, se plaisait à donner à celle-ci. La mère hésitait. Elle se décida cependant, après la lecture de la vie abrégée de sœur Thérèse de l'Enfant-Jésus, et porta l'enfant au cimetière. Elle demanda au Carmel une neuvaine de prières.

Le lendemain, 26 mai 1908, avant-veille de l'Ascension, elle assista à la messe de six heures et demie et mit un cierge à la sainte Vierge en l'honneur de sœur Thérèse.

En rentrant chez elle, on lui apprend que sa fille a eu une crise de souffrance plus forte que les autres. « Mets tes lunettes, puisqu'elles te soulagent », dit la mère à la fillette. Mais celle-ci de s'écrier toute joyeuse : « Maman, je n'en ai plus besoin, *je vois aussi bien que toi, à présent.* »

Alors la mère approche l'enfant de la fenêtre et appelle son mari : « *Regarde ta fille ! Tu te moquais de ma confiance, vois ses yeux ! Elle est guérie !* »

En effet, les yeux grands ouverts n'étaient plus rouges ; il n'y avait plus de pus, d'inflammation ni de taies, et l'enfant voyait distinctement tout ce qui l'entourait.

Depuis elle n'a eu aucune rechute. Le docteur D. la déclara complètement guérie de sa kératite phlyctémulaire et délivra un certificat à la date du 6 juillet 1908.

Cette maladie, très fréquente chez les enfants à constitution faible et lymphatique, est caractérisée par des ulcérations de la cornée. Elle est sujette à des récidives très fréquentes, d'abord, puis, à intervalles plus éloignés, à mesure que l'enfant se fortifie. Elle ne peut donc guérir que *très lentement*, et elle laisse presque toujours des traces indélébiles, sous forme de taies plus ou moins opaques. Dr L.

L., le 7 décembre 1908.

Suivent les témoignages recueillis par le Dr, des différentes personnes qui ont vu l'enfant avant et après sa guérison.

Témoignage des Carmélites de Lisieux.

Nous, soussignées, avons entendu les parents de Reine F. et vu cette enfant au parloir. La mère nous a fait exactement le même récit qu'au docteur L. Elle a ajouté que, le premier jour de la neuvaine, elle avait cueilli sur la tombe de sœur Thérèse de l'Enfant-Jésus deux petites feuilles de géranium et les avait placées chez elle avec respect. Le père nous a affirmé que le docteur D*** leur avait déclaré que, s'ils voyaient les yeux de leur petite fille devenir phosphorescents, c'était signe qu'ils étaient perdus, sans aucun espoir de guérison ; or, qu'ils avaient vu tous deux ce phénomène se produire.

La femme nous a dit encore que le 25 mai 1908, elle était allée chez

Mme D***, boulangère, dans la même rue, pour acheter un petit pain ; que, le lendemain, elle y était retournée pour montrer son enfant guérie, et que cette dame, après avoir examiné les yeux de l'enfant qu'elle avait vus si malades, la veille encore, s'était écriée avec une grande émotion : « Ah ! ma pauvre femme, c'est un grand miracle qui s'est opéré chez vous ! »

Marie F., âgée de 9 ans et demi, nous a dit avoir vu sa petite sœur, au matin du 26 mai, s'apaiser tout à coup, après sa grande crise, puis regarder fixement quelque chose en souriant, et faisant des gestes d'amitié avec son petit bras ; enfin, s'endormir paisiblement. « J'ai pensé, nous dit-elle, *qu'elle se guérissait* et regardait les objets au fond de la chambre. Je lui ai demandé ensuite ce qu'elle avait tant regardé et pourquoi elle avait ri. Elle m'a répondu : « *J'ai vu la petite Thérèse, là, tout près de mon lit, elle m'a pris la main, elle me riait, elle était belle, elle avait un voile, et c'était tout allumé autour de sa tête.* »

L'enfant nous a raconté la même chose à nous-mêmes. Devant nous, sa mère a essayé de l'effrayer en lui disant de prendre garde de mentir, ou bien que la « petite Thérèse » lui reprendrait ses yeux. Elle s'est retournée vers sa mère et lui a répété avec assurance : « Oui, maman, c'est vrai, je l'ai vue… » — « Comment était-elle habillée, ma petite Reine ? lui dîmes-nous. — *Pareille à vous !* »

En mai 1908, Reine F. atteignait sa quatrième année.

Suivent les signatures de la Mère Prieure et de plusieurs religieuses.

5 février 1909.

LI
                                                    Le C., juin 1908.

Un matin, en allant à la Messe, je demandai avec une très grande confiance au Sacré-Cœur et à Notre-Dame des Victoires, par l'intercession de sœur Thérèse de l'Enfant-Jésus, la conversion d'une âme qui — je le savais par ses confidences — n'était point sincère dans ses confessions.

Le soir de ce même jour, je rencontre cette personne qui me dit : « Oh ! je ne sais pourquoi, mais aujourd'hui j'ai été très tourmentée au sujet de la confession et c'est ce qui ne m'arrive jamais. » Le lendemain elle alla se confesser et revint aussitôt me voir pour me dire combien elle était heureuse.   X.

LII
                                           Constantinople, 8 juin 1908.

Mon mari vivait depuis seize ans loin des sacrements et ne voulait rien entendre à ce sujet. Un jour, ma fille, en revenant de l'école, me parla de la petite sœur Thérèse de l'Enfant-Jésus et ce qu'elle m'en dit m'inspira beaucoup de confiance. Le soir même nous récitâmes un *Pater* et un *Ave* pour obtenir de la chère sainte la conversion désirée et, dès le lendemain matin, mon mari me dit spontanément : « *Cette année, je veux faire mes Pâques, et désormais je m'approcherai plus souvent des sacrements.* » C'était le Mercredi Saint, et tout transformé et tout joyeux, il communia le Jeudi Saint. Maintenant il communie tous les mois.   X.

LIII
X, Italie, 8 août 1908.

Quelques mois avant mes vœux perpétuels et mon sous-diaconat, je traversai une crise violente dont mon avenir sacerdotal et religieux a évidemment dépendu. Au plus fort de la lutte, sans aucune initiative de ma part, la pensée de votre sainte s'est imposée à mon esprit avec une obstination et un charme irrésistibles. Elle a continué à m'occuper ainsi tout le jour, sans que je dusse faire des efforts pour chercher sa chère pensée ; elle m'a appris à l'appeler *ma Mère*, et à mettre en elle toute l'espérance de mon âme. Elle m'a béni mieux encore que par ces joies sensibles ; elle a « *tourné* » mon cœur. Mon directeur, un homme prudent et réservé s'il en fut, a été extrêmement frappé de ce qui s'était passé en moi, des changements subits et inexplicables qu'elle y avait faits, et il m'a dit : « Il y a là quelque chose d'extraordinaire : c'est une grande grâce que vous avez reçue ! » Ce que je vous dis en termes un peu voilés, ma bonne Mère, je serais heureux de pouvoir vous le dire clairement de vive voix. Alors vous comprendriez mieux comment elle est *ma Mère*, la mère de mon sacerdoce et de tous mes apostolats futurs ; vous comprendriez combien je désire la faire bénir comme je la bénis, aimer comme je l'aime : la faire devenir Mère de plusieurs générations...

B.

LIV
Estado do Ceara, Brésil, 21 août 1908.

Mon père était très malade et avait déjà reçu les derniers sacrements, quand, providentiellement, une personne amie m'apporta une relique de sœur Thérèse de l'Enfant-Jésus. Elle-même adressa ces questions au malade qui souffrait extrêmement : « Croyez-vous que cette petite sainte puisse obtenir votre guérison ? Voulez-vous suspendre à votre cou cette relique ? — *Oui !* » a répondu mon père avec une grande foi.

Alors j'ai fait une prière à la « petite Reine » et aussitôt mon père s'est trouvé très bien.

J'ai promis de publier cette guérison extraordinaire.

A. C.

LV
S. J. (Calvados), 23 septembre 1908.

Ma Révérende Mère,

Je suis allée faire un pèlerinage sur la tombe de sœur Thérèse de l'Enfant-Jésus en reconnaissance d'une grande faveur obtenue par son intercession.

Voici le fait :

Le jour de la Pentecôte, mon frère a été pris d'une arthrite infectieuse dans le genou gauche. Quelques jours après, une péricondite se déclarait au cœur, puis une miocardite. Son état alors réclama son transport dans une maison de santé ; il fallait près de lui la présence continuelle d'un médecin. En arrivant à l'hôpital Saint-Joseph, médecins, internes, religieuses se sont écriés : « C'est un mourant que vous nous amenez, il ne passera pas la nuit. » Pendant plusieurs jours, son état était si désespéré que les personnes qui le soignaient ne lui faisaient aucun traitement, aucun remède, prétextant que c'était un condamné à mort et qu'il valait mieux le laisser mourir tranquille. Pendant trois semaines, il ne prit qu'un peu de champagne, et sa faiblesse était si grande qu'il perdait souvent connaissance.

Nous avons été amenés à prier sœur Thérèse de l'Enfant-Jésus par ma sœur aînée, religieuse Carmélite. Ma sœur, mon frère et moi avons commencé une neuvaine, et, le dernier jour, mon frère était hors de danger.

Les personnes qui l'ont soigné sont encore dans l'étonnement de cette guérison.

L. M.

LVI Carmel de C., Angleterre, 23 octobre 1908.

Votre chère petite sœur Thérèse est devenue aussi chère en Angleterre qu'en France. Parmi ses plus dévots et dévoués admirateurs, se trouvent Messieurs K. Je ne saurais vous dire combien d'exemplaires de sa Vie ils ont déjà distribués. Désirant maintenant faire une œuvre qui demeurât à perpétuité sous sa protection, ils ont fondé, sous son nom, une bourse pour les Missions étrangères, croyant en cela continuer son désir d'apostolat.

Ces Messieurs demandent les prières de votre Communauté, ma Révérende Mère, pour cette âme sacerdotale qui deviendra, jusqu'à la fin du monde, *le Missionnaire de la « Petite Fleur de Jésus »*.

De M. K., fils, 9 novembre 1908.

... Mon père a l'intention de fonder aussi à C***, en Angleterre, un couvent de religieuses du Bon-Pasteur auquel le nom de sœur Thérèse sera associé. De plus, il a été également fondé, en son honneur, un lit à l'Hôpital pour les enfants de la ville de D. Il demande à ces intentions les prières de la communauté.

LVII X., Amérique, 23 octobre 1908.

Permettez-moi de reconnaître humblement et avec reconnaissance plusieurs grâces spéciales que j'ai reçues par l'intercession de sœur Thérèse de l'Enfant-Jésus. Il y a quelques années, agissant d'après une impulsion suggérée par la lecture de sa Vie, je lui demandai de m'accepter comme son frère et de prendre soin de ma gorge, qui m'était un grand obstacle dans l'accomplissement de mon sacré ministère. Chaque nuit, j'étais sujet à de violentes attaques bronchiales qui me faisaient craindre la rupture d'un vaisseau, ou, plus fréquemment encore, portaient avec elles l'inévitable conséquence de m'empêcher de dire la sainte Messe le matin suivant. Ces conséquences, grâce à la « *Petite Fleur* », ne se sont plus jamais présentées. Chaque soir, avant de me coucher, j'applique sa relique à ma gorge, et quand une attaque arrive pendant la nuit, au lieu de prendre un remède quelconque, j'applique de nouveau la relique, avec le résultat que, bientôt, je m'endors, et qu'à la grande surprise de ceux qui m'ont entendu tousser, je vais aussi bien le lendemain matin que si rien ne m'était arrivé. Je ne lui ai pas demandé de ne plus éprouver de souffrances, mais seulement de pouvoir dire ma Messe, et la faveur m'a été accordée de la manière que je l'ai demandée. J'ai eu plus de cent de ces attaques depuis quatre ans, et avec la même promptitude de guérison.

J'ai reçu également des faveurs en ce qui concerne la prédication. Souvent, quand il me semblait impossible de prêcher, à cause de ma gorge, sa relique, appliquée avec confiance et portée sur moi pendant le sermon, empêchait tout mauvais résultat, et j'étais entendu distinctement à l'extrémité d'une grande église. En un mot, j'ai donné à la « *Petite Fleur* » la charge de ma désagréable gorge, et ce que les médecins ne pouvaient pas faire, son intercession l'a accompli.

Je lui suis redevable encore de beaucoup de faveurs de l'ordre surnaturel, particulièrement dans la direction des âmes, surtout des religieux. D'autre part, quand je suis trop débordé et accablé par les soins extérieurs dans ma charge de Père Ministre d'une vaste communauté, la lecture de quelques pages de la Vie de *ma sœur* me replacent dans une atmosphère où les choses spirituelles ont la première place et où toutes les préoccupations s'évanouissent.

Puisse le récit de ces bienfaits aider à promouvoir l'honneur de ma Patronne !

R^d P. L., s. j.

LVIII
F., Angleterre.

Dans la troisième semaine de juin 1908, sœur Catherine C., postulante au noviciat de la congrégation de X., Londres, glissa malheureusement deux marches d'un escalier et se foula gravement le pied. Le repos et les remèdes ordonnés par le médecin n'apportèrent aucune amélioration. Le pied restait enflé et décoloré, de sorte que la sœur ne pouvait marcher.

On fait examiner la blessure à l'Hôpital du Royal Collège au moyen des Rayons X,

et le pied malade est enfermé dans une gouttière de plâtre. Le chirurgien ordonne qu'il reste ainsi durant six semaines. Au bout de ce temps, le mal n'ayant point diminué, et la sœur souffrant beaucoup, on essaya un vésicatoire pour réduire l'enflure, mais sans plus de succès. Enfin, le spécialiste de l'Hôpital fut appelé à F. Après une consultation avec le médecin du couvent, il donna une très sérieuse appréciation du mal, et déclara qu'il n'espérait le guérir que sous sa particulière surveillance.

Une opération devient nécessaire.

Ayant su que les parents de la novice désiraient qu'elle fût soignée chez eux, le spécialiste parla d'écrire à un certain professeur du pays pour lui donner ses conseils au sujet de l'opération. De plus, il avertit que les plus grandes précautions seraient à prendre pour le voyage, et que le moindre choc suffirait pour aggraver le mal et rendre une amputation inévitable.

Le mardi suivant 3 novembre, le Révérend Père C., frère de la novice, arriva à F. dans le but de la ramener chez elle. Il fut bien affligé de l'état de son pied, et en le voyant d'une si mauvaise couleur, enflé et complètement informe, il comprit clairement qu'une opération devenait urgente.

On prit des mesures pour qu'une voiture d'ambulance se trouvât prête dès l'arrivée de l'infirme à G. Jusqu'alors on avait caché à sœur

Catherine la nécessité de son départ. Elle fit des instances pour rester au monastère, mais le cas était trop grave et il lui fallut accepter l'épreuve. Elle fit donc bien tristement ses adieux au noviciat, et la voiture qui devait l'emporter loin du couvent qu'elle aimait et regrettait si vivement fut demandée pour le lendemain matin, à huit heures et demie.

Venons maintenant à la Thaumaturge

qui intervint si merveilleusement cette nuit-là même.

Lors de l'accident, on avait placé sur le pied malade une médaille du Sacré-Cœur, on avait employé de l'eau de Lourdes pour les pansements. Des neuvaines furent faites au Sacré-Cœur, à la Très Sainte Vierge et à plusieurs saints, mais le Ciel semblait sourd à toutes les demandes.

Le 30 octobre, après la décision du chirurgien, sœur Catherine, de l'avis de sa Supérieure, commença une neuvaine à sœur Thérèse de l'Enfant-Jésus et plaça parmi ses bandages un pétale de rose avec lequel sœur Thérèse avait autrefois embaumé et caressé son crucifix, sur son lit d'agonie. On avait d'ailleurs dans le couvent une grande dévotion à cette jeune sainte contemporaine, et cette dévotion était sur le point de recevoir sa récompense.

« Le vendredi soir, 30 octobre, écrit sœur Catherine dans sa relation, « j'avais commencé une neuvaine à la « Petite Fleur » avec une grande « confiance. Je ne la perdais pas de vue un seul instant, toujours je la « priais d'avoir pitié de moi et de me guérir pour sauver ma vocation.
« Le 3 novembre, veille de mon départ, je me couchai vers 9 heures, « ressentant une excessive douleur dans le pied. Je conjurai alors la « Petite Fleur » de m'obtenir enfin du Dieu Tout-Puissant ma guérison. « A chaque fois que je m'éveillais, je lui faisais les mêmes instances. « Vers 3 heures, je m'éveillai encore, mais cette fois, ma cellule était « remplie de lumière. Je ne savais quoi penser de cette exquise clarté et « je m'écriai : *O mon Dieu ! Qu'est-ce que cela ?* » Je restai dans cette « lumière pendant trois quarts d'heure, et je n'arrivais pas à me ren-« dormir, malgré mes efforts. Alors je sentis comme l'impression de « quelqu'un qui enlevait les couvertures de mon lit et m'excitait à me « lever. Je remuai mon pied, et quelle ne fut pas ma surprise de trouver « les sept mètres de bandages, qui avaient été liés très fortement et dont « je n'aurais pu me passer, complètement retirés. Je regardai mon pied, « il était entièrement guéri. Je me levai, je marchai, et ne sentant plus « aucun mal, je tombai à genoux en m'écriant : « *O Petite Fleur de* « *Jésus, qu'est-ce que vous avez fait pour moi ce matin ! Je suis* « *guérie !* »

Vers l'heure de la Messe, on vint chercher sœur Catherine pour la conduire à la chapelle, mais elle dit qu'elle n'avait plus besoin de l'appui d'un bras, ni de la canne dont elle se servait d'habitude. Elle descendit seule l'escalier et courut vers sa Supérieure.

« La « Petite Fleur » m'a guérie,

ma mère », lui dit-elle. Et tout aussitôt, la nouvelle se répandit dans la communauté, comme une traînée de poudre. Une sorte de crainte planait sur la maison avec le sentiment que Dieu avait passé par là.

La Mère Provinciale vint bientôt et se rendit compte par elle-même de l'événement. Pour prouver qu'elle était bien guérie, la novice marcha de long en large à l'extérieur de l'église, et montra qu'elle portait sa chaussure ordinaire, au lieu de la chaussure d'infirme qu'on lui avait préparée, à cause de l'enflure.

Enfin, elle resta tout le temps de la Messe à genoux et marcha d'un pas ferme pour recevoir la sainte Communion des mains de son frère. Celui-ci ignorait encore le miracle, mais il avoua ensuite que jamais, depuis sa première Messe, il n'avait reçu autant de consolations divines qu'à cette Messe-là. Témoignage touchant encore du pouvoir d'intercession de sœur Thérèse en faveur des prêtres, pour lesquels elle aimait tant à prier !

Immédiatement après la Messe, la Mère Prieure alla le trouver et lui raconta ce qui était arrivé. Alors, très ému, il entonna le *Te Deum*, que la novice poursuivit debout avec la Communauté entière, dans une joie et une émotion indicibles.

L'examen du pied montra que la décoloration, l'enflure, les marques du vésicatoire et de pointes de feu avaient disparu et qu'il était revenu à sa forme naturelle.

La gratitude de la novice et des sœurs fut profonde, en vérité, devant cette intervention de leur bien-aimée « Petite Fleur ». D'autres, pour lesquels son parfum odorant[1] est une joie toujours renaissante, apprendront avec plaisir ce nouveau gage de sa puissance, au milieu d'une génération incroyante.

« Vous nous regarderez d'en haut, n'est-ce pas ? » disait-on à sœur Thérèse de l'Enfant-Jésus, lorsque, âgée de 24 ans, elle était mourante à Lisieux.

« *Non*, répondit-elle, *je descendrai.* »

A F., comme en bien d'autres lieux, la « *Fleur de Jésus* » descendit.

T. N. T.

LIX
Vendée, 6 novembre 1908.

J'aurais pu, dès le premier jour de la neuvaine, vous écrire pour vous annoncer la guérison de mon petit Jean, mais je ne l'ai pas voulu pour ne pas agir avec témérité.

Dès que nous avons eu attaché à la robe du petit malade le morceau d'étoffe ayant appartenu à votre sœur Thérèse de l'Enfant-Jésus, les vomissements et autres accidents ont cessé ; ils ont cessé si brusquement que nous n'osions pas y croire. Depuis ce jour, l'enfant se porte à merveille ; jamais il n'avait été aussi gai. C'est de grand cœur que ma femme et moi nous remercions sœur Thérèse.

Docteur C.

---

[1] Bien des fois — nous en citerons seulement quelques exemples — les privilégiés de Sœur Thérèse de l'Enfant-Jésus nous ont parlé de ces émanations mystérieuses. Nous connaissons bien dans le monastère ces « *parfums de la petite Thérèse* », parfums d'encens et de fleurs les plus suaves, qui s'exhalent parfois de son bréviaire, de sa stalle, qui embaument sa cellule, l'oratoire où nous la prions et surtout le cloître où se trouve la statue de l'Enfant Jésus qu'elle ornait de fleurs.

Ces célestes parfums, naturellement inexplicables, ne s'évanouissent jamais sans laisser dans l'âme une impression de grâce très particulière.

LX   V. (Isère), 6 novembre 1908.

Le Bienheureux Curé d'Ars avait sainte Philomène, il lui attribuait tout ce qu'il remportait de victoires sur le démon. Je ne suis pas le curé d'Ars, mais je veux devenir un saint prêtre et j'ai déjà ma sainte Philomène : c'est sœur Thérèse de l'Enfant-Jésus.

Vous m'annonceriez que par elle on a ressuscité un mort, que je n'aurais pas une plus grande confiance en son intercession, car je connais par expérience son crédit auprès de Dieu.   L'abbé P.

LXI   G., Ecosse, 8 novembre 1908.

Une guérison spirituelle — délivrance d'une tentation qui durait depuis plusieurs années — a été obtenue en un instant par une relique de sœur Thérèse de l'Enfant-Jésus, dans un couvent de G. La religieuse avait déjà demandé de quitter la Congrégation, et maintenant elle est si heureuse d'y être restée !   T.

LXII   V. (Seine-et-Oise), 4 décembre 1908.

MA RÉVÉRENDE MÈRE,

Je suis très heureuse de venir vous annoncer que sœur Thérèse de l'Enfant-Jésus a exaucé vos prières et mes supplications en guérissant Mademoiselle S., âgée de 67 ans et atteinte d'une bronchite aiguë, suivie de deux congestions pulmonaires. Son état nous inspirait beaucoup d'inquiétudes.

Lorsque je reçus le sachet contenant de la laine de l'oreiller de la petite sainte, je le posai aussitôt sur la malade, qui l'accepta avec bonheur, me disant qu'elle avait pensé à demander une relique de sœur Thérèse de l'Enfant-Jésus. C'était la première fois qu'elle me parlait depuis plusieurs jours. Elle ajouta en me regardant : « Oh ! que cela sent bon ! Quelle odeur de roses ! Quel délicieux parfum ! » Et pendant cinq minutes, elle respira ce même parfum. Moi qui étais près d'elle, je ne sentais absolument rien !

Le soir, à 6 h., le docteur revint, et quelle ne fut pas sa surprise de voir que la fièvre avait disparu. Il n'en voulait pas croire ses yeux et, quatre fois, il remit le thermomètre.

Depuis ce jour, Mademoiselle S. est allée de mieux en mieux. Aujourd'hui elle est guérie et me charge de vous dire, ma Révérende Mère, que nous viendrons cet été remercier nous-mêmes la chère *petite Reine* à son tombeau. Veuillez nous envoyer sa « Vie », et croyez que nous sommes prêtes à nous dévouer pour la faire connaître et avancer sa béatification.   M. M.

LXIII   O. (Tarn), 13 décembre 1908.

Une très pauvre femme ayant obtenu la guérison d'une péritonite très grave par l'intercession de la chère petite sainte, me charge de vous demander sa « Vie » qu'elle a promis de faire lire autour d'elle. Je suis chargée de vous remettre 6 francs qu'elle a économisés sou par sou.

                                                                            M. J.

LXIV
Carmel de S. P., Espagne, 15 décembre 1908.

MA RÉVÉRENDE MÈRE,

J'ai la consolation d'écrire à Votre Révérence ce qui suit :

Une de nos sœurs, âgée de trente et quelques années, était reconnue tuberculeuse par le médecin qui lui donnait, tout au plus, deux ans de vie.

Nous commençâmes une neuvaine à l'Immaculée Conception par l'intercession de votre aimable petite sainte, et nous la terminâmes le 20 septembre par la sainte Communion.

La malade, se voyant dans le même état, me dit : « *Ma Mère, le 30 de ce mois, c'est l'anniversaire de la mort de la petite sœur Thérèse de l'Enfant-Jésus. Ce jour-là, je crois qu'elle fera quelque chose pour moi.* »

Voyant sa confiance, nous recommençâmes une neuvaine et, le lendemain du dernier jour, je fis appeler le docteur qui, après avoir ausculté notre chère sœur, me dit tout surpris : « Mais elle est beaucoup mieux ! »

Cependant je croyais qu'il fallait un certain temps pour constater une guérison complète. Ces jours derniers, je la fis donc examiner de nouveau. Après l'auscultation, le médecin se tourna vers moi et me dit : « *Vro hay nada mas !* Il n'y a plus rien, elle est guérie ! » Il me promit volontiers le certificat que je vous envoie. Vous y lirez que : « *cette guérison, si prompte, lui paraît étrange et merveilleuse.* »

Je ne puis vous dire, ma Révérende Mère, avec quel bonheur et quelle reconnaissance nous avons récité, au chœur, un *Te Deum* et un *Magnificat* en actions de grâces.

Chère petite sœur Thérèse de l'Enfant-Jésus, combien nous l'aimons !

S' T., *prieure.*

LXV
D***, Suisse, 18 décembre 1908.

MA RÉVÉRENDE MÈRE,

Pardonnez-moi si je viens un peu tard vous raconter la guérison de ma petite fille, Marie-Thérèse, âgée de deux ans, guérison obtenue par l'intercession de sœur Thérèse de l'Enfant-Jésus.

En 1907, cette enfant, d'ailleurs très chétive, fut atteinte d'un mal à l'index de la main droite. La phalange supérieure devint si enflée qu'elle égalait en grosseur le pouce d'une grande personne.

Ce mal, paraît-il, était la tuberculose osseuse localisée (*Spina ventosa*), et on l'appelle *doigt en radis*.

Le docteur jugea une opération indispensable. Il ouvrit donc le petit doigt malade et gratta l'os. Pendant cinq mois, je dus lui conduire tous les deux ou trois jours ma petite fille pour les pansements, mais l'état ne s'améliorait guère. Il se forma même une excroissance de chair, que l'on dut enlever, au moyen du cautère électrique, et le doigt suppurait toujours un peu.

En rentrant en France, au mois d'avril, je le fis voir à un autre docteur qui, ne le trouvant pas bien du tout, me dit qu'une seconde opération serait nécessaire.

C'est alors que, désolé, mais confiant en votre angélique sœur, je résolus de conduire mon enfant à son tombeau.

Arrivé là, j'assis tout simplement Marie-Thérèse sur la tombe de la petite sainte, en disant : « *Bonne petite sœur Thérèse, vous qui avez promis de faire du bien sur la terre, guérissez ma petite Marie-Thérèse.* »

Eh bien, ma Révérende Mère, le doigt qui, jusqu'alors, ne cessait point de suppurer, sécha, une petite croûte se forma, puis tomba, et huit jours après, tout était cicatrisé et guéri.

Depuis cette époque, ma petite fille se porte à merveille.

De la part de son père et de sa mère, mille fois merci et vive reconnaissance à sœur Thérèse de l'Enfant-Jésus. G. H. — C. H.

LXVI 21 décembre 1908.

C'est un devoir de reconnaissance qui m'amène aujourd'hui près de vous. Ayant obtenu par l'intermédiaire de la petite sœur Thérèse une grâce signalée, je me fais une joie de venir vous la raconter :

Depuis un certain temps j'allais voir un pauvre malade. Elevé dans la religion, cet homme, sans devenir sectaire, était devenu plus qu'indifférent ; il avait beaucoup lu, et, de ses lectures, il avait retiré avec l'incroyance la volonté de se faire enterrer civilement ; cette volonté il l'avait manifestée à ses enfants.

C'est dans ces dispositions que je le trouvai il y a deux mois. Je ne fis d'abord que des visites d'ami ; quand j'en arrivai aux visites de prêtre, quand je parlai du bon Dieu, de l'Eternité, un sourire sceptique et des paroles de dénégation accueillirent mes premières tentatives d'apostolat. Je revins souvent sur la question et toujours ce fut la même réponse : « *J'ai trop lu, mon cher Monsieur, pour ne pas savoir la fausseté de toutes les religions.* » Un miracle seul pouvait sauver cette âme, et ce miracle, c'est à l'Ange de Lisieux que je le réclamai. Je priai, je fis prier, une neuvaine fut entreprise. Elle n'était pas terminée qu'une nuit le pauvre malade, de lui-même, en pleine connaissance, me fit demander : « *Va me chercher Monsieur l'Abbé* », dit-il à sa femme. Et cette demande, il la réitéra depuis 1 heure jusqu'à 6 heures du matin. A 6 heures, la femme, vaincue par cette persistance, vint me chercher. J'arrivai en toute hâte et en toute joie surtout. Le malade m'accueillit tout heureux ; il se confessa, reçut l'Extrême-Onction. Le loup était devenu agneau, l'impie d'autrefois était devenu subitement un chrétien repenti. Oh ! ils seront pour moi inoubliables ces instants de retour subit et convaincu vers Dieu. Longtemps j'entendrai dans mon cœur la voix, maintenant éteinte, de ce pauvre malade qui en embrassant son Christ lui disait avec une réelle piété : « *Seigneur, ayez pitié de moi qui vous ai offensé !... Seigneur, je vous aime !... Mon Dieu, pardonnez-moi !...* »

Oui, Dieu t'a pardonné, cher ami ! Plus heureux que nous, tu jouis maintenant, peut-être, de Celui que tu ne connaissais plus, de Celui que, pendant les huit jours qui suivirent ta conversion, tu prias avec tant d'humilité confiante ! Tu me pardonneras d'avoir levé le voile sur tes derniers instants : il s'agissait de glorifier celle qui se fit auprès de Dieu ton avocate et ton sauveur... L'Abbé M.

LXVII B. (Calvados), 21 décembre 1908.

Le 30 novembre dernier, mon frère s'était coupé l'artère du poignet droit. Le bras enfla bientôt jusqu'à l'épaule, il fut pris de fièvre infectieuse et le docteur était très inquiet. C'est alors, ma Révérende Mère, que je vous demandai vos prières et que vous m'envoyâtes un souvenir de sœur Thérèse de l'Enfant-Jésus. Cette précieuse relique a fait merveille. Aussitôt reçue, nous l'avons placée entre les bandages avec une très grande confiance, en promettant un pèlerinage au tombeau de la petite sainte, si le malade guérissait. Immédiatement, le mal a cessé de faire des progrès, la fièvre a diminué, le danger a disparu. Il était temps, car l'enflure du bras avait gagné le dos et la poitrine. La respiration était de plus en plus haletante et quand venait la nuit, c'était un délire continuel.

Depuis le 11 décembre, jour où la pieuse relique a été appliquée, nous constatâmes tous les jours une grande amélioration, et mon frère, grâce à Dieu et à la petite sœur Thérèse de l'Enfant-Jésus, est en bonne voie de guérison.   M. C. — E. C. — Sr Ste-R., *garde-malade*.

LXVIII Carmel de P. (Seine-et-Oise), 10 janvier 1909.

J'avais un panaris des plus mauvais, dit *panaris caoutchouc*, au commencement du Carême 1907. Après l'avoir ouvert une fois et passé la sonde, le docteur déclara, le 19 mars, que si mon doigt n'allait pas mieux le surlendemain, il viendrait avec un confrère et m'endormirait pour me faire une opération. En se rendant à la porte de clôture, il dit à notre Mère que le pus ne se dégageant pas assez, il craignait que, l'os étant attaqué, on fût obligé de me couper le doigt. Je vous laisse à penser, ma Mère, dans quel état j'étais ! Après cette visite, une de nos sœurs m'apporta une petite relique du drap de lit de sœur Thérèse de l'Enfant-Jésus et la mit sur mon mal en me disant : « *Demandez-lui de vous guérir.* » Un miracle me faisait peur, je m'en trouvais indigne, et je ne demandai à la petite sainte que d'éloigner le danger, lui représentant que si on me coupait le doigt, qui est l'index de la main droite, je ne pourrais plus rendre service à la communauté, les autres doigts de cette main n'étant pas très libres, par suite d'une coupure au poignet que je m'étais faite à l'âge de 20 ans. C'est dans la prière que je passai toute la nuit ; la communauté priait aussi. Le lendemain à 10 heures, notre Mère vint voir mon doigt dans le bain. Je ne sais pourquoi, elle le trouva plus laid que la veille et, à mon insu, fit venir le docteur. Il arriva à 1 heure, examina mon doigt et dit d'un air tout étonné : « *Mais ce doigt va beaucoup mieux, il est en pleine voie de guérison ! Je ne sais pas ce que vous lui avez fait, mais ce qu'il y a de certain c'est qu'il va beaucoup mieux. Continuez de faire ce que vous faites.* »

Nous avons continué, ma Mère, et à Pâques mon doigt était guéri. Le docteur craignait encore que la première phalange ne restât raide ; il n'en fut rien, j'ai le doigt aussi libre qu'auparavant.

Comment vous dire, ma Mère, ma reconnaissance envers notre petite Thérèse !   S^r A.

LXIX   Collège de X., Etats-Unis, 11 janvier 1909.

 Ma Révérende Mère,

 Je viens vous relater, avec une reconnaissance bien profonde, le fait d'une protection merveilleuse dont j'ai été l'objet de la part de votre angélique sœur Thérèse de l'Enfant-Jésus.

 Le 22 septembre 1908, étant à New-York avec notre révérende Mère, nous eûmes à traverser, pour reprendre le train, un croisement de voies ferrées encombré de voitures, de tramways, d'automobiles, etc. Je crus que notre Mère était passée et je voulus la suivre, mais elle avait vu venir, sans avoir eu le temps de m'en prévenir, un tramway électrique qui me heurta en plein front et me fit tomber. Lorsque le mécanicien parvint à l'arrêter (après un trajet de 5 ou 6 mètres), tout le monde me croyait écrasée et la foule se pressait autour de moi ; mais je me relevai sans le moindre mal ! Notre Mère s'était approchée, pâle comme sa guimpe... On nous entourait, on voulait m'aider à marcher. Des « reporters » de journaux demandaient mon nom. Notre Mère disait : « C'est une religieuse exilée de France, le bon Dieu a fait un miracle en sa faveur. » Alors on nous laissa passer avec une sorte de respect, bien que la foule augmentât toujours. Pour nous soustraire à une ovation, nous entrâmes dans une maison où l'on nous reçut avec la plus grande bonté et je dis à notre Mère : « *C'est la petite sœur Thérèse de l'Enfant-Jésus qui m'a préservée : je l'ai senti au moment de l'accident.* » Et sortant de ma poche une de ses petites photographies que j'avais dans un carnet, je la baisai avec reconnaissance. Depuis elle ne me quitte plus [1].

 Je ne puis dire quelle impression de surnaturel nous avait envahies. Cependant les « reporters » nous avaient suivies pour demander des détails. Ils me regardaient avec ébahissement, ne semblant pouvoir admettre que je n'eusse pas été blessée ; car sous ces lourdes machines, appelées ici « street cars » et beaucoup plus volumineuses que nos tramways français, il y a tout un attirail de chaînes qui devraient au moins blesser ceux qui sont dessous. Le mécanicien avait dit à notre Mère que j'avais été enfermée entre les roues avec tant de précision, que c'est comme si la mesure de mon corps avait été prise. Plusieurs journaux ont dû relater le fait.

 Enfin, lorsque la foule fut presque dispersée, nous nous dirigeâmes vers la gare, marchant assez vite pour ne pas être suivies de nouveau. Quand nous fûmes installées dans notre compartiment, notre Mère encore tout émue me demanda : « N'avez-vous pas mal à la tête ? — Pas du tout, pas plus que si j'étais tombée sur un lit de plumes. » — « Ne portiez-vous pas vos lunettes bleues quand vous êtes tombée ? — Oui, je les avais et les ai remises inconsciemment dans ma poche, en me relevant : les voici, elles sont intactes. Je ne sais vraiment, ni comment je suis tombée, ni comment je me suis relevée ; tout ce que je puis dire,

---

[1] La puissance des souvenirs et des images de Sœur Thérèse de l'Enfant-Jésus est aussi reconnue dans les exorcismes. A leur vue, les démons rugissent et conjurent de les éloigner d'eux, « parce qu'elles les brûlent et augmentent leurs tourments ».
Il nous a été communiqué, à ce sujet, des faits étranges et merveilleux.

c'est qu'il m'a semblé pendant quelques instants être dans un autre monde, une puissance surnaturelle agissait. »

Nous convînmes, notre Révérende Mère et moi, de ne parler de cet événement qu'à M. l'Aumônier, pour lui demander une messe d'action de grâces. Cependant notre Mère crut de son devoir de tout raconter au docteur du couvent. Il vint, me croyant du moins couverte de blessures ; mais... rien, pas même une égratignure ! et il partagea notre sentiment que cette protection tenait du miracle.

Veuillez, ma révérende Mère, avec toute votre communauté, m'aider à remercier celle qui a été pour moi ce que l'ange Raphaël a été au jeune Tobie, et croyez à mes sentiments à jamais dévoués en Notre-Seigneur.

Sr M., née C. DE V.,
S^t X, Prieure.

LXX
B. (Finistère), 14 janvier 1909.

Je vous écrivais au mois d'avril de l'année dernière pour vous demander des reliques de votre petite sainte. J'avais fait une chute le 17 janvier et m'étais blessée aux deux jambes. L'une avait guéri de suite, mais la blessure de l'autre était plus profonde et bientôt le mal empira.

J'essayai sans succès différents remèdes. Je souffrais beaucoup, il me semblait avoir du feu à l'intérieur de la jambe et je commençais à me décourager. On me conseilla de vous écrire, et je reçus la relique de sœur Thérèse le mardi de la Semaine Sainte, 14 avril. Notre bonne Mère supérieure la plaça immédiatement sur ma jambe et nous commençâmes une neuvaine à la petite Sœur, avec promesse de deux messes pour obtenir sa béatification, si nous étions exaucées.

Toute la Semaine Sainte j'ai souffert horriblement, et le dimanche de Pâques, voulant me lever, je ne pouvais poser le pied à terre ni me tenir debout. Je voulus pourtant assister à la messe, et je descendis avec beaucoup de difficulté à la chapelle. Aussitôt après la communion, on dut me remonter et me remettre au lit. Je fus prise d'une forte fièvre ; on envoya chercher le docteur, qui déclara que l'os était malade et qu'une opération serait nécessaire.

On me cacha mon état, mais je lisais l'inquiétude sur les visages. Je continuais à prier et j'avais confiance.

Le huitième jour de la neuvaine le docteur revint. Il enleva les bandages — on m'avait soignée seulement avec des compresses humides. — « Mais que s'est-il passé ? La jambe va beaucoup mieux ! la plaie est bonne ! » Et après avoir tâté dans tous les sens, il déclare qu'il n'y avait plus rien à l'os.

Vous comprenez notre joie, ma Révérende Mère. De jour en jour, le mal diminua et je ne ressentais plus les brûlures intérieures. Trois semaines après je commençais à marcher, et maintenant il ne me reste plus qu'une cicatrice.

L. R.

LXXI
De la même. Janvier 1909.

Nous avons obtenu encore une autre guérison par l'intercession de la chère petite sainte. En novembre dernier, une petite fille de 7 ans, atteinte de pneumonie double, était en deux jours aux portes du tombeau. Je lui fis remettre une relique de sœur Thérèse et l'on commença une neuvaine. On lui donna l'Extrême-Onction et sa mère désolée avait déjà fait repasser sa petite robe blanche pour l'en revêtir après sa mort. Le dernier jour de la neuvaine, le docteur fut tout étonné de constater un grand mieux, car il avait déclaré la veille que, probablement, elle ne passerait pas la nuit. Et le lendemain elle était sauvée !

LXXII X., 2 janvier 1909.

Une âme très favorisée de sœur Thérèse venait de me confier comment elle s'était manifestée à elle par de mystérieux parfums. Et elle ajoutait : « Mon Père, vous me direz ce que vous en pensez ? » Thérèse me fit comprendre elle-même ce qu'il fallait en penser... et, au même instant, je sentis très nettement une odeur d'encens très pur. Il était 9 heures du soir. J'étais seul dans une chambre. Je comptais si peu éprouver la moindre sensation de ce genre qu'instinctivement je regardai le feu de la cheminée près de laquelle j'étais assis, pensant que quelque chose venait de tomber sur la braise. Mais il n'y avait rien dans le feu qui pût produire ce parfum.

Au même moment, je sentis une impression impossible à dépeindre, mais profonde et irrésistible qui pénétrait jusqu'au plus intime de moi-même. J'étais tombé à genoux : « Petite Thérèse, est-ce vous ? lui dis-je. Si c'est vous, ma petite sœur, faites-le moi comprendre ! » J'avais à peine achevé cette prière qu'une seconde effluve embaumée m'arrivait, dans laquelle il n'y avait plus de parfum d'encens, mais une odeur que je ne puis rendre, faute de comparaison, et qui était faite surtout de fraîcheur et de suavité.

C'est alors que, dans une prière ardente, sentant Thérèse si près de moi, je lui confiai les plus intimes désirs de mon âme...

R^d P. M.,
Supérieur de ***.

LXXIII Carmel de X., janvier 1909.

Une de nos sœurs souffrait depuis dix ans de peines morales qui la torturaient et lui faisaient délaisser la sainte Communion des semaines entières. Elle fit plusieurs neuvaines à sœur Thérèse de l'Enfant-Jésus qu'elle aime beaucoup. Il y a trois semaines, un soir, pendant l'oraison de 5 heures, s'y étant rendue encore plus bouleversée que jamais et tout à fait découragée, elle redouble de ferveur et de supplications auprès de Thérèse, priant devant son image et baisant sa sainte relique.

Tout à coup, en un clin d'œil, dit-elle, son cœur se trouva rempli de paix et de consolation, avec l'assurance, comme le sentiment intime, que la « Petite Thérèse » avait passé près d'elle et lui avait ôté comme un lourd vêtement. Elle ne pouvait même plus se rappeler ce qui avait tant de fois tourmenté sa pauvre âme ! « Alors, dit-elle encore, j'aurais voulu pouvoir communier deux fois au lieu d'une ! » Elle est toute changée depuis ce jour de grâces et son visage, autrefois si triste, ne reflète plus qu'une joie profonde.

C'est en reconnaissance de cette inestimable faveur que notre Révérende Mère vous envoie une offrande pour la béatification tant désirée. S^r G.

LXXIV Saint-H. (Vendée), 18 janvier 1909.

Mon fils Louis, né le 27 septembre 1908, était très fort et se portait très bien, lorsque le jeudi, 8 octobre, dans l'après-midi, il fut pris d'une forte fièvre accompagnée d'une sueur abondante. Il ne dormit point la nuit suivante et ne cessa de crier. Le lendemain, ses petites mains étaient fermées, sans qu'il fût possible de les lui ouvrir. La sage-femme, le trouvant très mal, nous dit d'aller chercher le médecin. Celui-ci déclara qu'il était atteint du tétanos et ne nous laissa aucun espoir de guérison. Il nous dit cependant d'essayer de mettre l'enfant dans les bains ; mais la maladie ne fit qu'augmenter. Bientôt mon petit garçon devint raide comme un cadavre, sa bouche était fermée, à peine si l'on pouvait faire couler entre ses lèvres quelques gouttes d'eau ou de lait, il était absolument impossible de passer la cuiller. Ses bras étaient allongés, ses mains fermées, ses poignets tournés à l'envers et repliés, de sorte que ses petites mains touchaient aux bras. Son dos et son estomac étaient contrefaits, on aurait dit deux bosses de chaque côté. Ses jambes étaient serrées l'une contre l'autre ; bientôt la droite passa par-dessus la gauche et tourna. Enfin tous les membres étaient contractés. Le pauvre petit ne pouvait faire aucun mouvement, il n'avait point de sommeil et ne cessait de crier jour et nuit. Sa maigreur était telle qu'on aurait dit un squelette. Sa peau avait, au toucher, la dureté d'une pierre. Dans les crises, il devenait tout bleu.

Le médecin revint la semaine suivante ; il fut surpris de le trouver dans un état pareil et nous dit : « Pour moi, cet enfant est perdu, il ne vivra pas et la mort est préférable, car, s'il survit, il restera en cet état. Jamais encore je n'ai vu pareille chose dans ma vie de médecin. » Toutes les personnes qui voyaient mon enfant me plaignaient beaucoup.

Cinq semaines s'écoulèrent ainsi. Je priais et faisais prier, accompagnant mes supplications de toutes sortes de promesses, sans rien obtenir. Touchées de mon extrême affliction, les demoiselles institutrices m'envoyèrent, le dimanche 15 novembre, une image de sœur Thérèse de l'Enfant-Jésus, à laquelle était attachée une relique, me disant qu'elles allaient prier et faire prier leurs petites filles, et nous recommandant de commencer une neuvaine à la petite sainte. Le soir même nous commencions la neuvaine ; chaque jour, je faisais toucher l'image à mon enfant, demandant à sœur Thérèse de l'Enfant-Jésus sa guérison ou sa mort. J'ajoutai que, s'il devait être plus tard un mauvais chrétien, je préférais le voir mourir.

La petite sainte ne fut pas sourde à nos prières. Le jeudi suivant, 5e jour de la neuvaine, je pus faire plier le bras gauche de mon petit enfant, puis son autre bras. Bientôt il reprit le sein, et, à Noël, il était complètement guéri. Aujourd'hui, on ne le reconnaît plus, tant il est beau et fort ! Il rit et commence à gazouiller ; les persones qui le voient n'en reviennent pas et croient bien à un miracle.

A sa naissance, mon petit Louis avait à la tête une bosse qui lui restait encore après sa guérison. Je fis alors toucher à sa tête l'image de sœur Thérèse, et depuis la bosse diminue de jour en jour.

Ma reconnaissance est bien grande envers sœur Thérèse de l'Enfant-Jésus, de même que ma confiance. Je demande à cette chère petite sainte de m'accorder maintenant toutes les grâces nécessaires à mon état, que mon mari et mes enfants soient toujours de bons chrétiens. Je lui demande de m'accorder cette grâce encore de voir au moins l'un de mes enfants se consacrer à Dieu. M. G.

Suivent 19 signatures.

LXXV
X. (Isère), 9 février 1909.

Si les miracles extérieurs opérés par votre petite Thaumaturge sont grands et admirables, que dire des miracles intérieurs de la grâce qui sont toujours plus grands et plus nombreux ? C'est une pluie serrée de roses. Dieu soit béni de cette grande consolation qu'il nous ménage au milieu d'épreuves toujours plus pénibles et plus dures. Il serait bien difficile, je crois, d'arriver à exprimer tous les bienfaits spirituels que sœur Thérèse n'a cessé de faire descendre sur notre grande famille religieuse depuis un an et plus. C'est le secret du bon Dieu et du sacrement de Pénitence où le cœur du prêtre ne peut moins faire que d'être sans cesse débordant de reconnaissance. L'abbé B.,
Aumônier.

LXXVI
I. (Seine), 11 février 1909.

MA BONNE MÈRE,

Nous avons ici une jeune fille atteinte d'un ulcère à l'estomac, elle vomit le sang. Entendant parler des nombreuses guérisons obtenues par l'intercession de votre chère petite sœur Thérèse de l'Enfant-Jésus, elle y a recours. Nous allons commencer une neuvaine, et nous demandons à votre communauté de bien vouloir s'y unir, pour obtenir sa guérison.
S^r ***.

Télégramme reçu le dimanche 21 février, dernier jour de la neuvaine :
Malade entièrement guérie par sœur Thérèse de l'Enfant-Jésus.
Sr Saint-A., *Supérieure.*

Relation de la jeune fille guérie.

MA RÉVÉRENDE MÈRE,

Depuis quatre ans, je souffrais de l'estomac. Le 29 décembre 1908, j'ai eu, pour la première fois, un vomissement de sang. Le 30 et le 31, les médecins étaient encore indécis ; mais le 1er janvier 1909, ils se prononcèrent et déclarèrent que j'avais un ulcère. Du 29 au 31 décembre, j'eus plusieurs vomissements ; on essayait de me faire boire du lait, mais je le rejetais immédiatement. Du 1er au 21 janvier, je restai en traitement à l'hôpital Saint-Joseph, où l'on me soumit au régime lacté. Pointes de feu, vésicatoires, calmants, tout fut essayé sans succès ; je souffrais toujours. A la fin de janvier, je suis venue me faire soigner chez les Dames de *** à I. Le 8 février, j'eus une très forte crise, avec plusieurs vomissements de sang. Je ne gardais pas le lait, mais seulement un peu d'eau de Vals, et encore, pas toujours. On écrivit alors au Carmel de Lisieux, afin de me mettre sous la protection spéciale de Sœur Thérèse de l'Enfant-Jésus. La Mère Prieure m'envoya un petit sachet contenant de la laine de son oreiller d'infirmerie ; je le mis immédiatement sur moi et l'on commença une fervente neuvaine à la petite Sœur, en union avec Lisieux.

Pendant la neuvaine, les souffrances étaient plus vives, les vomissements continuels, l'insomnie était perpétuelle. On ne pouvait plus me nourrir par les moyens ordinaires.

Le 21 février, jour où la neuvaine se terminait, je voulus absolument aller à la messe de 6 heures, avec le désir d'y communier, persuadée que je serais guérie. Pendant tout le temps de la messe, je souffrais horriblement, mais je priais avec beaucoup de ferveur et mon espérance était bien grande. Lorsque je revins de la sainte Table, où je m'étais traînée bien péniblement, mes souffrances redoublèrent. Enfin, au troisième *Ave Maria* que dit le prêtre au bas de l'autel, je sentis une douleur atroce à l'estomac, cette douleur correspondait dans le dos ; il me semblait qu'on m'arrachait l'estomac. J'eus ensuite la sensation très nette *d'une main qui se posait sur la partie malade et y répandait un baume céleste...* puis, plus rien, un grand calme... **J'étais guérie !**

Je sentis alors que j'avais faim et j'avalai une grande tasse de lait, que je trouvai exquise. Je restai ensuite à la messe de 7 heures en action de grâces, et je l'entendis à genoux. Après cette deuxième messe, j'allai au réfectoire où je pris une grande tasse de chocolat accompagnée de deux morceaux de pain, moi, qui, depuis quatre mois, n'avais pas mis une bouchée de pain dans ma bouche ! Et j'avais encore faim !

A en juger par le bien-être que j'éprouve, je ne croirais pas avoir été malade. Je suis absolument guérie. Il ne me reste qu'une faiblesse dans les jambes qui me rappelle seule les heures douloureuses que j'ai vécues.

Cette nuit j'ai parfaitement dormi ; je me sens tout à fait bien. Toutes les personnes qui m'ont connue malade admirent en moi l'œuvre de sœur Thérèse, ma chère bienfaitrice. Voilà, ma Révérende Mère, le compte rendu de ma maladie et de ma guérison si miraculeuse.

Notre bonne Mère Supérieure espère avoir demain le certificat du docteur. Je commence une neuvaine d'action de grâces que j'irai terminer par un pèlerinage au tombeau de la petite sainte de Lisieux.

Agréez, etc. M. C.

LXXVII

X., Australie, 15 février 1909.

Notre Mère Supérieure demandait une grande faveur au bon Dieu par l'intercession de la « *Petite Fleur de Jésus* ». Elle fit une neuvaine en communauté, et, le dernier jour de cette neuvaine, la grâce a été accordée.

Notre Mère Supérieure avait promis de publier cette grâce. Vous voyez que la bien-aimée petite sœur continue sa mission d'aider tous les exilés de la terre, même en ce pays lointain d'Australie.

Sr M. B.

LXXVIII

C., Autriche, 25 février 1909.

Ma Révérende Mère,

Je vous renvoie la notice sur le miracle d'Angleterre, en vous remerciant de me l'avoir communiquée. Mais tout cela n'est *rien*, à côté des grâces que je sais avoir été reçues par l'intervention de sœur Thérèse, grâces de conversions vraiment immenses et miraculeuses. Une jeune personne, par exemple, a passé en moins d'une année de la boue la plus infime à un état de pureté tel qu'on peut l'imaginer chez les saints, et à la présence de Dieu presque continuelle ; et cela dans le milieu le plus mondain et le plus frivole, entourée de toutes les occasions de chute !

Mais ces grâces, vous le concevez, ne seront connues qu'au grand jour... D'ailleurs, le monde n'est pas frappé de ces choses, comme des miracles matériels et visibles. Et j'en connais d'autres... Ah ! vous avez bien raison de dire qu'une *pluie de roses* est descendue sur la terre, après que cette sainte est montée au ciel. Oui, cette remarque qu'elle *descend* de nouveau sur la terre est *littéralement vraie*. Que de fois je l'ai sentie près de moi dans cette dernière année, pendant laquelle j'ai reçu cette grâce que je lui avais si longtemps demandée !

. . . .

M. H. D.,
Professeur à l'Université de X.

LXXIX   D., Amérique, 20 mars 1909.

Mon mari était frappé une seconde fois d'une paralysie profonde, et la médecine n'avait plus d'effet. Suivant l'avis d'un ami, j'appliquai sur la tête du malade, le 24 février 1909, une petite relique de votre puissante sœur Thérèse de l'Enfant-Jésus, récitant 5 *Pater*, 5 *Ave*, et invoquant 5 fois la petite sainte afin d'obtenir sa guérison.

La situation était alors très, très grave : le *coma*.

Une heure après, tout d'un coup, la connaissance lui revint et, petit à petit, la mémoire, la parole et enfin la santé.   A. R.

MA RÉVÉRENDE MÈRE,

Déjà plusieurs fois, j'ai eu l'occasion de prier la chère et douce sœur Thérèse de l'Enfant-Jésus et elle a entendu mes prières. Je confirme le récit de Madame R.

Nous étions deux médecins présents au moment si grave où la mort faisait déjà sentir son haleine.

Le retour à la santé de ce malade, presque mourant, est vraiment étonnant, sinon miraculeux.

J'essaie de répandre la dévotion envers cette petite sainte dont j'ai lu l'Histoire à Londres.

Veuillez m'envoyer quelques souvenirs et images.

Votre dévoué,   J. D., *docteur en médecine*.

LXXX   Q. (Eure), mars 1909.

Sœur Thérèse de l'Enfant-Jésus semble favoriser particulièrement ma famille. Il y a deux ans, c'était moi qu'elle guérissait de la tuberculose ; aujourd'hui, c'est mon jeune frère, âgé de 11 ans, qui vient d'être soudainement sauvé et rétabli par elle.

Voici en quelles circonstances : Le samedi, 22 août 1908, il fut victime d'un accident terrible. Étant tombé d'une hauteur d'environ six mètres, par une trappe donnant sur une cave, sa tête vint frapper brutalement à terre. On releva le pauvre petit sans connaissance et perdant son sang à pleine bouche. Le médecin, mandé aussitôt, déclara que c'était l'affaire de deux heures ; le crâne était, en effet, fracturé en plusieurs endroits, la mort était imminente. Cependant la nuit se passa sans le dénouement qu'on attendait. Le docteur se fit assister d'un chirurgien spécialiste de R. qui, sans aucune hésitation, confirma le jugement de son confrère. Nous n'avions donc plus rien à espérer, humainement du moins ; moi-même j'avais entendu le docteur et c'eût été de la folie d'espérer quand même.

J'eus cette folie, mes parents l'eurent avec moi : et, le 24 août, ma Révérende Mère, vous commenciez, sur ma demande, une neuvaine à sœur Thérèse pour la guérison de mon frère.

Cependant, des crises violentes et réitérées nous jetaient dans de cruelles alarmes. Nous avons cru quatre fois que la mort allait venir. Le pauvre enfant resta huit jours entiers sans connaissance et se débattait continuellement dans son délire.

Le neuvième jour, il reconnut tout son monde, le calme revint, c'était fini ! Il n'avait qu'à reprendre des forces ; ce qu'il fit. Il est aujourd'hui en classe, ne conservant aucune trace, ni physique ni morale, de son accident.

L'abbé A.

LXXXI

L. C.

En mars 1908, un petit enfant de cinq ans était atteint d'une méningite des plus graves. J'engageai sa mère de prier avec confiance sœur Thérèse de l'Enfant-Jésus. Une neuvaine fut commencée. L'enfant était dans un perpétuel délire, et cependant, lorsqu'on voulait lui faire baiser la relique de sœur Thérèse qu'il portait sur lui, il la retenait et la pressait sur son cœur. Il allait toujours plus mal. « Il y a deux jours qu'il devrait être mort », disait le docteur. Mais sa mère ne perdait pas courage. Tandis qu'il était presque agonisant et que depuis plusieurs jours il ne pouvait articuler une parole, elle dit à sœur Thérèse de l'Enfant-Jésus : « Ma petite sainte, si je dois croire que vous voulez bien guérir mon fils, faites qu'en revenant de la messe il me demande à boire. » « *Maman, donne-moi à boire* », dit l'enfant aussitôt que sa mère eut mis le pied sur le seuil de sa chambre. Dès lors, il alla de mieux en mieux. Aujourd'hui il se porte bien.

L'abbé L.

16 avril 1909.

LXXXII

X. (Seine-Inférieure), 9 avril 1909.

Le 8 mars dernier Mʳ D. tombait gravement malade. Le docteur le déclarait atteint d'une grippe infectieuse. Au bout de quelques jours le mal se compliquait d'une fluxion de poitrine double. Mʳ D. était en proie à un délire effrayant ; jamais une minute de raison. Deux hommes étaient nécessaires pour le tenir. Le docteur dit qu'il n'y avait plus aucun espoir, qu'il était absolument perdu.

Tous les regards se portèrent alors vers le ciel. On appliqua une relique de sœur Thérèse sur la poitrine du malade qui s'endormit et recouvra ensuite au bout de quelques heures l'usage de sa raison ; c'est alors que la famille s'empressa de lui faire recevoir l'Extrême-Onction.

Dans l'après-midi le malade demande à sa femme ce que tout cela signifiait. — « Ai-je donc été si malade ? » dit-il ; « mais je ne souffre pas et j'ai grand faim ! » On mande à nouveau le docteur, il crut que c'était pour constater le décès. Grande fut sa stupéfaction ! « Je n'y comprends rien, dit-il, Mʳ D. est sauvé ; qu'il se lève et mange ! »

Et depuis, ma bonne Mère, le mal ne laisse plus aucune trace ; le malade déborde de reconnaissance envers la chère thaumaturge.

D.

Suit le certificat du docteur.

LXXXIII Carmel de ***, Espagne, 7 avril 1909.

J'éprouve un désir très grand, ma Révérende Mère, de vous raconter un petit miracle opéré par notre bien-aimée sœur Thérèse. Nous possédons ici sa vie abrégée, en espagnol ; mais, la première fois que je lus ce livre, je n'eus pour elle qu'une grande indifférence, je me dis : « Cette petite sœur est par trop enthousiaste ! » Un jour qu'on me demandait ce que je pensais de sœur Thérèse de l'Enfant-Jésus ma réponse fut celle-ci : « Ce que j'en pense ? c'est qu'elle ne me plaît pas ! » Thérèse allait se venger en reine... Quelque temps après une de nos postulantes nous apporte un exemplaire français de l'*Histoire d'une âme*. Je ne comprenais pas un seul mot de cette langue ; mais, tentée d'une très grande curiosité, je dis à notre Révérende Mère : « Ma Mère, voudriez-vous me permettre de lire ce livre ? » Notre Mère Prieure, toute surprise, répondit : « Permission pour lire ce livre ? et de quel profit vous peut-il être puisque vous ne comprenez pas le français ? » — « Mais je ne sais quelle force intérieure m'attire et me dit de le lire. » La permission me fut accordée.

Et que vous dirai-je, ma bien chère Mère, de mon impression et de la très grande allégresse qu'éprouva mon pauvre cœur de voir qu'en commençant à lire les premières pages de ce livre d'or, je compris dans la perfection la langue française !... Toute la communauté en resta dans un grand étonnement. Ma Mère, que de lumières j'ai reçues en lisant ces pages embaumées d'un parfum si céleste ! que de grâces intimes connues de Jésus seul ! Lorsque mon esprit se trouve dans la sécheresse, quelques pages seulement de la vie de l'angélique Thérèse suffisent pour enflammer mon âme en l'amour divin.

Aussi toute l'indifférence que j'avais pour elle s'est transformée en amour le plus reconnaissant et le plus profond. Que de fois en me jetant à genoux lui ai-je demandé pardon de ma faute ! Qu'elle m'accorde la grâce d'aimer Jésus comme elle l'a aimé, afin qu'un jour je puisse faire partie de la légion des petites victimes de l'amour divin et chanter en sa compagnie les miséricordes du Seigneur.

Sʳ ***.

LXXXIV Visitation de V. (Rhône), 20 avril 1909.

Oserai-je, ma Révérende Mère, vous raconter un fait d'ordre matériel et purement domestique ?

Comme moyen d'existence nous avons la vente du lait au tour par une sœur tourière. Or, il y a quelque temps, au lendemain du vêlage, une belle vache, la meilleure de l'écurie, est atteinte d'une sorte de paralysie des jambes. Il y a quatre ou cinq ans, le même cas s'était produit pour une superbe bête qu'il avait fallu abattre : c'était une perte de quatre à cinq cents francs.

On essaye tous les remèdes internes et externes, mais en vain ! Il fallut soulever avec un mufle la pauvre bête dont les jambes pendaient inertes.

Après deux jours de traitement, on envoie notre brave jardinier chercher un vétérinaire expérimenté. La visite est promise pour le lendemain.

Dans la soirée nous pensons que sœur Thérèse de l'Enfant-Jésus ne dédaignerait peut-être pas de descendre à l'écurie. J'y vais avec deux de nos sœurs et je frotte les jambes de la pauvre vache avec une relique de la petite sœur... nous faisons une prière... nous nous retirons.

Sœur Thérèse descendit-elle ? Vers cinq heures la sœur chargée de l'emploi vit la vache s'agenouiller sur les pattes de devant... un peu plus tard elle se lève entièrement, se met à manger et ne donne plus aucun signe de maladie.

Le vétérinaire averti de grand matin de ne pas se déranger ne voulut jamais croire que la bête eût été malade, tels cas étant généralement sans remède. Depuis elle donne pleine satisfaction.

Les saints n'étendent-ils pas leur protection jusque sur les animaux pour venir en aide à leurs frères de la terre ? Oh ! qu'elle sera douce la société de ces bénis saints dans le ciel, s'il est si doux déjà de communiquer avec eux ici-bas !

S^r ***.

LXXXV

Paris, 24 avril 1909.

Dans la dernière quinzaine de février je fus prise d'un coryza aigu qui dégénéra vite en grippe infectieuse. Une otite des plus douloureuses fit suite à cette grippe, je devins complètement sourde et après avoir subi deux fois la paracentèse du tympan, une mastoïdite se déclara. Elle fut des plus graves ; ses débuts amenèrent vite des symptômes de méningisme.

Le spécialiste qui me soignait ne voulut pas endosser seul la responsabilité de cette maladie si terrible en complications, et appela à mon chevet le célèbre spécialiste des hôpitaux qui lui-même voulut avoir l'avis d'un autre confrère. Les six premiers jours de ces consultations, les progrès du mal furent étroitement et savamment surveillés, les soins les plus minutieux, les plus énergiques me furent prodigués, et malgré cela la fièvre allait croissant, alternant de 40° à 41°. Enfin le matin du septième jour le mot d'opération fut prononcé et j'y fus préparée par de délicats ménagements. Dès le premier jour de la consultation des trois docteurs, je commençai avec ferveur une neuvaine à sœur Thérèse de l'Enfant-Jésus du Carmel de Lisieux. Le mal pourtant allait s'aggravant, mais je gardais très ferme ma confiance.

Ma famille, plusieurs Carmels et d'autres personnes s'unirent dans la même prière. L'opération semblait pour tous une évidence et devait se faire le dimanche qui était le neuvième jour de ma neuvaine. La veille je voulus recevoir la sainte communion ; les préparatifs se faisaient, je lisais une douloureuse angoisse dans les yeux rougis de ma sœur.

Le soir j'eus 41° de fièvre ; ma nuit fut atroce ; les douleurs cérébrales m'arrachaient des cris et, malgré cela, ma foi était inébranlable... une voix intérieure, infiniment douce, m'insinuant le triomphe de mes prières, celles de ma chère famille, sur le Cœur de Jésus !...

Oh ! cette voix intérieure je l'entendrai toujours !... « Sœur Thérèse de l'Enfant-Jésus, suppliai-je avec ferveur, j'ai foi en votre sainteté, ne m'abandonnez pas, demandez à Jésus qu'il ait pitié de ma mère, qu'il exauce les prières de mes chères tantes, qu'il entende les invocations des Carmels, qu'il ait pitié de moi ! » Et, toujours cette même voix si douce faisait descendre en moi une suave confiance !... Ma tante, carmélite, eut la même intuition très énergique, elle était certaine que je ne serais pas opérée.

Le matin de l'opération arriva : à sept heures j'avais 40° de fièvre ! Je priai, m'isolant dans une foi absolue.

A huit heures et demie les docteurs arrivèrent, prêtant la main aux derniers préparatifs... J'eus un dernier élan ! « Sœur Thérèse, suppliai-je, restez avec moi, ne m'abandonnez pas, j'ai foi, j'ai confiance ! » Les docteurs entrèrent : il fallait me résigner... Quand soudain un apaisement de mon mal, une décroissance subite de ma fièvre et l'écoulement de l'abcès de ma mastoïde se firent normalement par l'oreille ! J'eus un cri d'allégresse, j'étais guérie ! Les docteurs ne voulaient pas en croire leurs yeux ; ils observèrent, constatèrent, et furent muets de stupéfaction, enregistrant un cas unique dans la mastoïdite.

Oh ! merci de toute mon âme à sœur Thérèse de l'Enfant-Jésus que je vénère et glorifie comme une sainte ! N. B.

LXXXVI A., Espagne, mai 1909.

En février de cette année 1909, notre petit garçon, âgé de deux ans et demi, fut atteint d'une pneumonie. La fièvre persistant à 40° nous fîmes appeler un docteur de Barcelone pour une consultation. Il trouva l'enfant gravement malade.

Dans notre extrême douleur toute notre espérance se porta vers le ciel.

Nos Carmélites françaises établies en cette ville nous envoyèrent une image avec relique de sœur Thérèse de l'Enfant-Jésus, et commencèrent avec nous une neuvaine à cette petite sainte pour lui demander la guérison de notre cher enfant. Nous attachâmes cette précieuse image à son oreiller, et le petit malade la regardait et la baisait très souvent.

Notre confiance ne fut pas vaine. Notre cher petit François se guérit complètement au grand étonnement du docteur.

Nous, père et mère de l'enfant, sommes heureux de certifier que sa guérison ne peut être attribuée qu'à cette petite sainte de France à laquelle nous avons voué une dévotion particulière et une reconnaissance éternelle.

Nous formons des vœux pour que bientôt nous puissions lire sa vie en notre belle langue castillane.

Machos gracias a Dios y a la santa de Francia Teresa del Niño Jesus !
C. de ***.

LXXXVII Carmel de X., Amérique, 7 mai 1909.

Depuis trois ans passés notre chère Révérende Mère avait de sérieux troubles au cœur qui l'empêchaient d'assister aux exercices de communauté.

Bien qu'elle ne fût pas retenue au lit, elle était obligée de rester constamment à l'infirmerie. A chaque printemps, une dangereuse pneumonie minait le peu de force qu'elle avait et aggravait sa maladie de cœur.

Cette année, le 16 avril, notre Révérende Mère fut subitement prise d'une double pneumonie et après une violente attaque de cœur le docteur dit qu'elle pouvait faire sa préparation à la mort. Elle reçut donc les derniers sacrements.

C'est alors que, neuf jours avant la Pentecôte, nous commençâmes une neuvaine à sœur Thérèse de l'Enfant-Jésus. Chaque jour je donnai à notre chère Mère une parcelle d'une rose de la tombe de Thérèse qu'elle prenait avec une foi et une confiance absolue en la « Petite Fleur », lui demandant avec ardeur de venir la guérir.

Le vendredi 28 mai, avant-veille de la Pentecôte, elle pouvait à peine se dresser seule, elle observa que cela n'annonçait guère qu'elle allait être guérie ni capable d'entendre la messe le dimanche suivant. Un jour elle demanda au docteur : « Pensez-vous que je puisse descendre à la messe pour la Pentecôte ? » Il répondit : « Non, sans un miracle. » C'est ce miracle que nous demandions à la chère petite sainte.

La veille de la Pentecôte, dernier jour de la neuvaine, après l'avoir aidée à s'habiller et à s'asseoir dans son fauteuil, elle me dit soudainement : « Je pense que je pourrais marcher tout autour de cette chambre. » Je la regardai avec étonnement. Alors elle se leva, marcha seule à travers tous les appartements et arriva à l'escalier. Elle le descendit, le remonta encore sans respiration haletante, ce qu'elle n'aurait pu faire en aucun temps depuis ses attaques de cœur. Quand elle revint à l'infirmerie, je tâtai le pouls, il était très calme et très régulier.

Une demi-heure après, le docteur arriva pour sa visite habituelle, et écouta le récit ; il dit que ce n'étaient certainement pas là des effets naturels, et que notre Révérende Mère pourrait descendre à la messe le lendemain matin. C'est ce qu'elle fit, à la joie de notre communauté.

Vous comprenez, ma Révérende Mère, si nos cœurs étaient pleins de reconnaissance pour la chère « Petite Fleur ! »

Maintenant notre chère Mère peut aller au réfectoire pour tous ses repas (elle n'y était pas descendue depuis 3 ans) et elle peut aussi assister à beaucoup d'autres exercices de communauté. Enfin elle peut se passer de remèdes.

Les reporters de journaux ont entendu parler du rétablissement de la santé de notre Mère et l'ont publié ; aussi la « Petite Fleur » est-elle connue au loin et nous avons reçu des lettres de tous les côtés, demandant de ses reliques et des détails sur sa vie. Nous souhaiterions ardemment que « l'Appel aux petites âmes » fût traduit en anglais, car nous pourrions disposer de nombreux exemplaires.

S' ***.

LXXXVIII   Ambatolampy (Madagascar), 16 mai 1909.

Je suis depuis deux jours à l'hôpital de X auprès de ma Sœur Ste R., atteinte de fièvre bilieuse hématurique. Le cas est mortel. Deux Européens de Tananarive viennent d'être enlevés en 48 heures par cette maladie. Notre si chère sœur a été plusieurs fois sur le point d'expirer ; un miracle seul peut la sauver, nous le demandons ardemment à Notre-Dame de Lourdes par l'intercession de l'angélique sœur Thérèse de l'Enfant-Jésus.

13 août 1909.

Quelques heures après mon arrivée, les derniers sacrements furent administrés à notre chère sœur. Elle fit généreusement le sacrifice de sa vie disant qu'elle était heureuse de mourir missionnaire...

Nous avions perdu tout espoir. Nos Malgaches étaient inconsolables ; ils assiégeaient les portes de l'hôpital pour essayer de voir leur bonne Mère une dernière fois.

Le lundi 17 mai, vers 6 heures du soir, une dernière absolution lui fut donnée. Tout à coup elle m'appela et me dit d'un accent dont je fus frappée : « Vous savez ma Mère, que jusqu'à ce jour j'ai cru que j'allais mourir. Eh bien ! ce soir je sens renaître la confiance... »

Depuis lors notre chère sœur alla mieux, maintenant elle est guérie. Gloire et reconnaissance à Notre-Dame de Lourdes et à Thérèse de l'Enfant-Jésus !

LXXXIX   Carmel de Mangalore, Indes-Orientales, 7 juin 1909.

MA TRÈS RÉVÉRENDE MÈRE.

Vous serez heureuse d'apprendre que votre petite sœur, qui aimait tant les Carmels des Missions, a bien voulu nous favoriser d'une de ses visites.

Nous avions une de nos chères sœurs très mal d'une pneumonie compliquée d'une maladie de foie et d'une affection des reins ; le docteur avait peu d'espoir et d'autant moins que notre bien-aimée malade ne voulait pas guérir, étant si heureuse d'entrevoir le ciel, objet de tous les désirs de son cœur.

Elle venait de recevoir avec une piété touchante le saint Viatique et l'Extrême-Onction, lorsque nous arriva la circulaire relatant les faits merveilleux opérés par l'intervention toute-puissante, auprès de Dieu, de votre aimable petite sainte.

Nous commençâmes une neuvaine en communauté, pour obtenir la guérison de notre chère malade qui voulut s'unir à nos supplications, dans le but de glorifier le bon Dieu, et de contribuer autant que possible à la glorification de la servante de Dieu, par sa guérison.

Elle vous dit elle-même comment elle a été guérie.

Cette grâce obtenue au Carmel a fait grand bruit dans la ville et on nous demande des neuvaines. Nous vous serions bien reconnaissantes, si vous vouliez nous envoyer quelques reliques et images.

S' MARIE DE L'ENFANT-JÉSUS, *prieure*.

Relation de la Sœur.

Sans me rendre exactement compte des maladies graves dont j'étais atteinte, souffrant beaucoup sous l'influence d'une forte fièvre, crachant le sang et comme des morceaux de poumon, j'interrogeai le docteur afin de savoir si ma vie était en danger, pour recevoir les derniers sacrements. Il me répondit que, depuis trois jours, je me trouvais dans ce cas.

J'exprimai alors mon désir à notre Révérende Mère de ne point différer à me procurer cette grâce et, dans l'après-midi de ce même jour, 16 mars 1909, je reçus la sainte Communion en viatique ainsi que l'Extrême-Onction, et me disposai de mon mieux au grand passage du temps à l'éternité.

Voyant que le docteur réitérait ses visites trois et même quatre fois par jour, et qu'il s'était adjoint un autre médecin en consultation, je fus affligée de sa sollicitude à vouloir m'arracher à la mort, moi qui me sentais si heureuse de quitter cette terre d'exil, et je lui en exprimai ma peine, lui reprochant d'agir contrairement aux desseins de Dieu qui m'appelait.

Il était attristé de mes dispositions, contraires, disait-il, aux efforts de la science pour me guérir.

Sa piété avait cependant plus d'espoir dans la puissance de la prière que dans les secours humains. Ce jour même, la communauté commençait une neuvaine pour solliciter un miracle par l'intercession de la servante de Dieu, sœur Thérèse de l'Enfant-Jésus.

Bien après le départ du docteur, j'éprouvai quelque chose qui ne saurait s'exprimer ; j'étais seule et ne dormais point ; il me semblait que j'étais comme suspendue dans l'espace. Je ne vis rien, mais je m'entendis interroger ainsi : « Pourquoi voulez-vous mourir ? » Croyant parler à Dieu, je répondis : « Pour vous voir. » Mais la voix reprit qu'il serait plus glorieux à Dieu de m'abandonner à Lui, soit pour vivre, soit pour mourir, et de m'unir à la neuvaine que faisait la communauté.

J'entendis encore ces paroles : « Quelle plus grande gloire pour Dieu, pour la sainte Église, pour votre saint ordre et votre communauté, si le miracle de votre guérison doit hâter la glorification de sœur Thérèse de l'Enfant-Jésus ! »

Aussitôt mes dispositions furent complètement changées, je répondis : « Non, je ne veux plus désirer mourir, je vais prier et commencer une neuvaine. »

Lorsque le docteur revint dans l'après-midi, je lui fis réparation des reproches que je lui avais adressés ; le même jour, sur ma demande, on me donna une image représentant Sœur Thérèse de l'Enfant-Jésus, que je plaçai près de mon chevet. Je la priais sans cesse, avec une grande confiance, à proportion de mes souffrances qui s'accentuaient davantage, à mesure que la neuvaine approchait de son terme.

La veille du dernier jour, 23 mars, vers 5 heures de l'après-midi, alors que toute la communauté se trouvait réunie au chœur pour l'oraison, étant seule avec la Sœur infirmière, je fus subitement prise de violentes suffocations. A la quatrième crise, qui fut la dernière, j'endurai toutes les angoisses de l'asphyxie. M'étant soulevée du lit par l'excès de la souffrance, j'étreignais la sœur qui me soutenait dans ses bras croyant, comme moi, que j'allais expirer. L'air me manquait absolument pour respirer. Lorsque je fus remise de cette terrible lutte, aussitôt que je pus parler, j'invitai la pauvre sœur bien émotionnée à remercier Dieu : « Puisque je n'en suis pas morte, lui dis-je, c'est une preuve que nos prières seront exaucées. »

J'avais l'espoir que je serais guérie le lendemain à la sainte Communion. La nuit fut très mauvaise. A 3 heures du matin j'endurai une véritable agonie, j'étais inondée d'une sueur froide, grelottant malgré les fortes chaleurs de l'été et la couverture de laine dont j'étais enveloppée ; j'en demandai même une autre plus chaude. A 3 heures ½ j'éprouvai soudainement un indéfinissable bien-être, je dis aux sœurs qui me prodiguaient leurs soins : « Retirez-vous dans vos cellules, allez vous reposer, je n'ai plus besoin que personne me veille, je suis guérie ! Aussitôt que notre Mère sera levée, veuillez le lui annoncer. »

En effet, je dormis d'un bon sommeil jusqu'à l'Angelus.

La veille encore, je recevais la sainte Communion dans mon lit en viatique et ne pouvais avaler qu'une parcelle de la sainte Hostie avec difficulté. Ce dernier jour de la neuvaine, je me levais, m'habillais, recevais la sainte Communion et demeurais à genoux, sans appui, environ une demi-heure.

A la fin de mon action de grâces je chantais un des cantiques composés par notre chère sœur Thérèse de l'Enfant-Jésus.

Quelques instants après, le docteur vint m'ausculter et déclarait qu'il n'y avait plus aucune trace de la pneumonie qui m'avait conduite aux portes du tombeau, et qui était compliquée d'une affection au foie et d'une maladie non moins sérieuse des reins. Ma santé, si éprouvée depuis plusieurs années, m'a été rendue bien meilleure. En peu de jours j'ai pu reprendre et exercer sans interruption mon office de portière avec d'autres occupations fatigantes. La nuit du Jeudi Saint, 7 avril, j'ai pu veiller avec la communauté devant le Saint Sacrement. Je prends la nourriture commune de nos sœurs au réfectoire et ne ressens nullement aucune des indispositions des maladies précédentes. J'ai su depuis par une religieuse du Tiers-Ordre qu'ayant interrogé le docteur sur mon état le soir, veille de ma guérison, celui-ci avait répondu : « Elle expirera peut-être cette nuit. » Gloire soit rendue à Dieu et à la chère âme qui a daigné intercéder pour son indigne petite sœur ! Qu'elle achève maintenant son œuvre en m'obtenant l'inappréciable grâce de marcher fidèlement sur ses traces dans la pratique des vertus religieuses.

Sʳ Marie du Calvaire.

Suit le certificat du docteur.

XC   Carmel de Mangalore, Indes-Orientales, 31 juillet 1909.

La santé de notre chère miraculée est bonne, très bonne. Elle, qui depuis de bien longues années endurait de cruelles douleurs, privée des exercices de communauté, vient maintenant partout. La joie est répandue dans tout son être, on sent qu'une divine transformation s'est opérée en elle. Jamais, nous ne pourrons oublier l'expression du visage de notre bien-aimée sœur le jour de sa guérison ; elle était transfigurée, comme en extase, et encore, quand elle parle de sa céleste bienfaitrice, elle est toute rayonnante de reconnaissance et d'amour.

Une de nos sœurs eut la pensée d'obtenir, elle aussi, la guérison d'un écoulement d'oreille qui la faisait bien souffrir et la privait de sa voix au chœur, soit pour la psalmodie, soit pour le chant ; elle avait encore des ulcères extérieurs. Eh bien ! pendant la neuvaine tout a disparu ! Et maintenant elle donne sa voix librement et il n'y a aucune trace des ulcères d'où sortait un pus verdâtre qui nous inquiétait.

Nous faisons quelques économies afin d'offrir notre obole pour la glorification de notre douce sainte.

Nous vous prions de faire faire une visite pour nous à sa glorieuse tombe et de lui recommander plusieurs intentions.

Sr Marie de l'Enfant-Jésus, *prieure*.

XCI Communauté de X. (Finistère), 15 juin 1909.

Thérèse, la gracieuse « petite Reine », vient de jeter sur notre monastère un de ses pétales de rose.

Depuis le 1er décembre 1908, une de nos sœurs, âgée de 31 ans, était atteinte d'une maladie infectieuse du cerveau et de la moelle épinière, le tout augmenté d'une phlébite aux deux jambes.

Le 16 mars, le docteur ayant constaté que les phlébites avaient disparu, mais que la jambe droite était ankylosée, plia lui-même les deux jambes afin de permettre à la sœur de marcher : ce fut une souffrance ajoutée à tant d'autres, car quand il fallut faire circuler la patiente, les jambes fléchissaient et étaient incapables de la porter. Dès l'abord, on crut à de la faiblesse et l'on espérait que le temps en aurait raison. Hélas ! la malade restait impotente, et le docteur disait que, probablement, elle serait paralysée toute sa vie et que, seule, Notre-Dame de Lourdes pourrait la guérir. C'était le jeudi, 3 juin.

Le vendredi, 11 juin, la malade, dès son réveil, se sentit plus fatiguée encore qu'à l'ordinaire et souffrit cruellement pendant la sainte Messe. Au moment de la communion, quand l'infirmière la prit pour la conduire à la sainte Table, elle faillit tomber, tant ses jambes étaient rebelles.

De retour à l'infirmerie, la sœur dit à la malade : « Quand vous êtes seule, il faudrait essayer de vous lever du fauteuil. » Elle répondit tristement : « Je ne le puis ! j'essaie souvent, mais il m'est impossible de remuer les reins. » L'infirmière n'insista pas, persuadée, en effet, de son impuissance ; elle la prit par le bras et la fit marcher dans l'appartement. La sœur coadjutrice, — aide pour les malades — arrivant en ce moment, dit à l'infirmière : « Pourquoi vous fatiguer ainsi ? On n'est pas plus avancé de faire marcher la sœur aujourd'hui qu'au premier jour. »

L'infirmière remit la malade dans son fauteuil, puis alla prendre une image sur laquelle est imprimée la poésie de Sr Thérèse de l'Enfant-Jésus : « Les Anges à la crèche » avec le portrait de Sr Thérèse. Elle fit baiser ce portrait à la malade et lui dit en s'éloignant de quelques pas : « Maintenant, venez chercher l'image. » Aussitôt la sœur fit quelques efforts des reins, s'appuya sur le bras du fauteuil, se leva et suivit l'infirmière, qui, tenant l'image à la main, faisait le tour de la chambre. Vivement impressionnée, elle dit à la malade : « Retournez au fauteuil et levez-vous sans vous appuyer. » Ce qu'elle fit !

Depuis ce jour, elle marche, et suit en tout la communauté. Elle a repris son emploi et se porte très bien. On ne dirait jamais qu'elle est restée six mois sans bouger.

Le D^r, appelé à constater le fait, s'est écrié : « C'est merveilleux ! car cette sœur avait des symptômes de méningite cérébro-spinale avec paralysie des quatre membres. »

(Suit le certificat de ce docteur.)

*Billet recueilli sur la tombe de S*r *Thérèse de l'Enfant-Jésus, le 21 juin 1909.*

Reconnaissance.

Enfant guéri, aussitôt après une invocation à S*r* Thérèse de l'Enfant-Jésus (au même instant que l'on priait pour lui sur sa tombe).

B. J.

T., le 19 juin 1909.

XCII

E. (Calvados), 26 juin 1909.

Je vous remercie, ma Révérende Mère, des images reçues ce matin. Lorsque j'ai ouvert votre lettre, j'ai respiré un parfum suave et inconnu qui se dégageait des chères reliques de S*t* Thérèse de l'Enfant-Jésus.

G. DE ***.

XCIII

Monastère de la Trappe.
Tarrega, Espagne, 27 juin 1909.

Relation de la guérison du Frère Marie-Paul.

Dans le courant du mois de septembre de l'année dernière, notre bon frère Marie-Paul (dans le siècle Philippe Tobzane, né à Narbonne, diocèse de Carcassonne, département de l'Aude, le 12 juin 1877, entré en religion le 9 mai 1905), convers de notre monastère, sentit dans la région du cœur les premières atteintes d'un mal auquel, tout d'abord, il ne prit pas garde. Mais ce qui, au début, n'était qu'une simple oppression se changea peu à peu en douleur si intense que tout travail prolongé ou trop pénible lui devint impossible. Le docteur, consulté, déclara que le mal venait de l'estomac et soumit le malade à un régime exclusivement lacté. Après six mois de ce traitement, un mieux s'étant produit, notre bon frère crut pouvoir reprendre la vie de communauté.

Mais deux mois ne s'étaient pas écoulés que les douleurs se réveillèrent plus vives et plus intenses que la première fois et nous dûmes recourir aux mêmes remèdes. Cette fois-ci, nulle fut leur efficacité ; le mal empirait tous les jours et les souffrances devenaient parfois si cruelles que, pour soulager le patient, nous dûmes employer des injections de morphine.

Notre bon frère dut cesser alors tout travail, car il était d'une faiblesse extrême ; manger était pour lui un véritable supplice ; son estomac ne pouvait rien conserver, pas même quelques cuillerées de bouillon qui ne servaient qu'à lui faire éprouver de violentes douleurs.

Parfois aussi le malade crachait comme de la chair hachée ; et, de plus, son haleine était si fétide que la charité seule nous pouvait faire rester auprès de lui.

Après un nouvel examen, le médecin conclut à une ulcération de l'estomac qui, facilement, pouvait dégénérer en cancer et me prévint de l'opportunité d'une opération dans le cas de complications graves. Pour pouvoir sustenter de quelque manière le malade, le docteur prescrivit des lavements aux œufs et au lait, mais ce mode d'alimentation ne pouvait durer longtemps, car notre frère s'affaiblissait et dépérissait à vue d'œil.

Pour se conformer aux prescriptions du docteur, notre cher malade faisait chaque jour une petite promenade. Le lundi 3 mai il en revint plus fatigué que de coutume ; et, cependant, elle n'avait pas duré un quart d'heure. Rencontrant alors le Père sous-Prieur, il lui dit : « Priez pour moi, mon Père, car je sens que c'est bien fini... »

Tout espoir n'était cependant pas perdu, et le Seigneur allait, dès le lendemain de ce jour, faire éclater le pouvoir qu'a sur son Cœur miséricordieux l'intercession de sa petite Thérèse.

« — Puisque les moyens humains sont impuissants à vous soulager, dit notre Père infirmier au malade, faites une neuvaine de prières à sœur Thérèse de l'Enfant-Jésus, religieuse du Carmel de Lisieux, morte, il y a quelques années, en odeur de sainteté. »

La proposition est acceptée avec d'autant plus de joie que le bon frère avait grande confiance en la « Petite Fleur blanche » dont il avait lu un résumé de la vie dans la petite brochure intitulée : « Appel aux petites âmes. » Depuis ce jour, en effet, il portait sur lui une photographie de sœur Thérèse, disant qu'elle lui porterait bonheur. — Elle ne trompa pas sa confiance.

Le lendemain, mardi 4 mai, notre malade ne put conserver les lavements, les douleurs se portèrent sur les reins avec tant d'acuité qu'il fallut cette fois encore avoir recours à la morphine : le pauvre frère n'en pouvait plus. — « Cela ne peut pas durer, dit-il alors au Père infirmier. Si vous voulez bien demander pour moi à mon Père X... une relique de sœur Thérèse, je l'appliquerai sur mon mal, et j'ai confiance qu'elle me guérira. »

Le soir le Père infirmier lui remit la relique et lui conseilla, en même temps, de prendre un autre lavement.

Mais notre malade avait son idée ; plein de confiance, il avait résolu de boire le liquide. Il pria la « Petite Fleur » de lui rendre la santé pour aider ses frères déjà si accablés de travail ; puis il détache quelques parcelles de la relique et les met dans son breuvage. Après en avoir avalé quelques gorgées, il craint de commettre une imprudence en voulant absorber une si grande quantité de liquide (3/4 de litre). Mais, toujours plein de confiance qu'il va guérir, il ajoute quelques nouvelles parcelles de la relique et boit le tout. Il attend... Plus de souffrances ! plus de cruels maux d'estomac ! Le mal est complètement disparu, notre bon frère est guéri !

Il sort alors, fait une longue promenade, gravit sans éprouver ni malaise, ni fatigue, le plateau qui domine notre propriété. Il rentre ensuite tout ragaillardi, se sentant fort, vigoureux, et aussitôt demande à manger. — « Prenez des œufs, lui dit le Père infirmier. » Et notre bon frère, dont l'estomac ne pouvait supporter la plus légère nourriture, prend non seulement des œufs, mais encore des pommes de terre frites, des raisins secs, des noix, des figues sèches, et achève son repas par un bon verre de vin, boisson dont il était obligé de s'abstenir depuis huit mois... Pas la moindre souffrance !

Notre heureux frère me fait part de sa guérison qui me réjouit souverainement et, dès le lendemain, il reprend la vie de communauté, en suit le régime austère et se remet à son pénible travail. Il continue sa neuvaine, la transformant en action de grâces. A la fin de la neuvaine, la guérison s'étant maintenue, j'ai cru de mon devoir, ma R^{de} Mère, de vous envoyer ma première relation.

Aujourd'hui près de deux mois se sont écoulés depuis la faveur insigne dont notre cher frère a été l'objet, et nous pouvons tous certifier ici qu'il ne se ressent nullement de son mal, a repris de bonnes couleurs et continue avec générosité et joie le travail que l'obéissance lui a imposé.

En notre Abbaye de Notre-Dame du Suffrage, ce 27 juin 1909.

R. P. MARIE HAVUR, *abbé de N.-D. de Fontfroide.*

(Réfugié avec sa Communauté à N.-D. du Suffrage).

Suit le certificat du docteur, du curé de Tarrega et du maire.

XCIV   Monastère de X., Pologne, 28 juin 1909

MA RÉVÉRENDE MÈRE,

J'ai, depuis quelques jours déjà, l'écrit ci-joint d'une personne qui veut garder son nom inconnu justement parce qu'il est fort connu et distingué. Cette pauvre dame a été vraiment une mère de douleurs. Son fils, unique héritier d'un beau nom et d'une grande fortune, épousa une actrice, qui lui dépensa tout son bien, puis devint folle... Au moins l'âme de ce pauvre malheureux a été sauvée, grâce à notre chère petite sœur Thérèse.

23 juin 1909.

Moi, soussignée, déclare, par la présente, avoir eu recours, pendant une neuvaine, à l'intercession de sœur Thérèse de l'Enfant-Jésus et de la Sainte Face. Je ne cessais d'appeler le secours de ses prières pour obtenir la conversion et la réconciliation de mon fils à l'article de la mort, car, par une suggestion malicieuse, il était depuis 20 ans en révolte contre sa mère !

Vers la fin de la neuvaine, il a reçu les derniers sacrements après une parfaite confession, a demandé à recevoir sa mère, et ne cessait de témoigner de son repentir pendant les trois derniers jours de sa vie. Il a saintement rendu son âme à Dieu le 30 avril de l'année courante.

Remplie de reconnaissance envers la miséricorde divine et l'intercession de sœur Thérèse de l'Enfant-Jésus, je trace ces lignes pour être mises en ligne de compte des grâces obtenues.   X.

XCV   Monastère de X., Belgique, 2 juillet 1909.

Un vieillard de 80 ans qui, depuis près de 50 ans, ne s'approchait plus des sacrements et pour lequel nous avons fait une neuvaine au Sacré-Cœur par l'intercession de sœur Thérèse de l'Enfant-Jésus est transformé ; sa conversion va faire un bien immense dans la localité qu'il habite, car il est très connu.

Il fallait un miracle de grâce, nous disait-on, pour amener le retour de cet octogénaire qui, dans son testament, on le savait, donnait 6.000 fr. pour son enterrement civil. Or, à la première visite qu'on lui fait après avoir invoqué la petite sœur Thérèse, il accepte volontiers une médaille du Sacré-Cœur et un scapulaire du Carmel ; à la 2ᵉ visite, le 7ᵉ jour de la neuvaine, on peut lui administrer les sacrements, qu'il reçoit avec des sentiments admirables de piété. Il a vécu onze jours après sa conversion, faisant l'édification des personnes qui l'approchaient et se prêtant volontiers à ce qu'on demandait de lui pour ses funérailles.

L'enterrement fut donc religieux et très édifiant ; on eût dit un triomphe et c'en était un ! Remerciements et action de grâces au Sacré-Cœur et à sœur Thérèse de l'Enfant-Jésus.

XCVI
Paris, 8 juillet 1909.

Ainsi que je vous l'écrivais il y a huit jours, mon frère avait formellement refusé les sacrements. Le Rᵈ Père ***, qui s'était présenté, avait complètement échoué dans sa tentative. « Il n'y a plus qu'à prier, nous dit-il : c'est une barre de fer, il n'y a rien à tenter. »

C'est alors que j'eus la pensée de m'adresser au Carmel de Lisieux, comptant sur l'intervention de sœur Thérèse de l'Enfant-Jésus. Voyant mon frère au plus mal vendredi, on lui envoya encore le prêtre, qui revint près de nous tout ému, nous disant que le malade, en pleine lucidité, avait reçu avec reconnaissance l'absolution après un entretien assez long. Sa femme, ses enfants étaient dans le plus grand étonnement... Moi, je pensais que les prières faites au Carmel avaient été exaucées.

Cependant, je désirais beaucoup avoir une preuve comme quoi ce retour à Dieu avait été obtenu par l'intercession de sœur Thérèse et je demandai pour signe à cette chère petite sainte que mon frère m'adressât une parole de reconnaissance que je désignai — chose en dehors de ses habitudes et de son caractère. — Je me rendis chez lui, et quelle ne fut pas mon émotion d'entendre sortir de sa bouche cette même parole que j'avais demandée... Il ne dit pas un mot de plus.

Cᵗᵉˢˢᵉ ᴅᴇ W.

XCVII
Porto-Novo, Guinée, 15 juillet 1909.

Depuis un mois, une de nos chrétiennes ressentait une douleur insignifiante dans toute la jambe gauche ; cela ne l'empêchait pas de vaquer à ses occupations. Un samedi, cette jambe enfle horriblement, causant la plus vive douleur, puis il se forme un gros bouton, genre abcès. On sait que c'est le ver de Guinée, voulant sortir.

Ce ver a la grosseur du vermicelle et une longueur d'au moins 75 centimètres. On l'absorbe avec l'eau, il se répand dans l'organisme ; ordinairement il sort par les jambes. Les médecins européens ont trouvé des remèdes pour s'en défaire assez promptement ; mais avec les traitements indigènes, l'extraction de ce ver est très longue. Jamais il ne se montre avant trois jours, et alors on se contente de le fixer au dehors avec un fil, sans exercer de traction, car celles-ci font beaucoup souffrir. Ce n'est que dans les cas extrêmes que les noirs ont recours aux procédés chirurgicaux. Avec ce genre de soins, il survient souvent de graves ulcères, qui peuvent devenir mortels.

Ce matin, samedi, je rencontre le mari de la malade : il m'annonce qu'il l'a confiée aux soins du médecin indigène. Le lendemain dimanche, je reçois une image de sœur Thérèse de l'Enfant-Jésus. La pensée me vient de demander une faveur au Cœur eucharistique de Jésus par l'intercession de sa chère petite épouse. Comme prêtre adorateur, je vais faire mon heure de garde de 4 à 5 heures, et pendant ce temps je présente ma requête.

Le jeudi suivant, je vais visiter la malade. Quel n'est pas mon étonnement de la voir dans le jardin, venir à pas pressés, tenant son bébé dans ses bras !

— « Mais ce ver de Guinée ? » — « Il est parti, et tout le monde est très étonné. » — « Mais, vous ne souffrez plus ? » — « Non, mon Père (et elle me montre une profonde cicatrice) ; ce matin, j'étais à la Messe (elle habite à près d'un kilomètre de l'église), et hier, je suis allée au marché (2 kilomètres) ; c'est la neuvaine qui m'a guérie ! » — « Mais, à quel moment exact ce ver est-il sorti ? » — « Dimanche soir, quand on tintait la cloche pour la bénédiction » (exactement 4 h. ½). — « Avez-vous souffert ? » — « Point du tout ! Quand le ver a commencé à sortir, j'ai tiré dessus, mais il s'est cassé. » — « Avez-vous alors souffert ? (le ver ainsi cassé cause ordinairement de très vives douleurs ; il ne meurt pas et l'état du malade empire). — « Point du tout ; mais il est sorti de l'eau épaisse et ma jambe a désenflé tout de suite. »

Ainsi c'était à l'instant même où je commençais la neuvaine que l'intervention d'en haut se manifestait... Trois mois se sont passés depuis, et la protégée de sœur Thérèse a continué à se porter parfaitement.

R^t P. B.

XCVIII   Chine, 20 juillet 1909.

Sœur Thérèse de l'Enfant-Jésus m'a aidé auprès d'une païenne dont je désirais plus spécialement la conversion. Pendant son sommeil, elle vit un être ravissant et mystérieux qui lui montrait le ciel sans proférer une parole ; elle me parla longuement de son costume, et c'est ce qui m'a frappé, en reconnaissant dans sa description l'habit de carmélite, absolument inconnu au Sutchuen. A la fin, je lui montrai une image de sœur Thérèse de l'Enfant-Jésus, devant laquelle elle s'écria, comme en présence d'une découverte : « Mais c'est cela, mais c'est bien cela ! »

Elle va donc se faire instruire ; déjà ses deux enfants étudient chez moi depuis une semaine.   R^t Père A.

XCIX   X., Belgique, 22 juillet 1909.

Un jeune homme, à qui je parlais beaucoup de sœur Thérèse, finit par prendre sa vie, l'ouvrit, puis la referma... la lecture ne l'intéressait nullement, disait-il.

On le pressa de poursuivre jusqu'au bout sa lecture, ce qu'il fit. Et chaque fois qu'il reprenait le livre, il sentait une odeur indéfinissable, un parfum délicieux qui s'en exhalait. Il en parla à son voisin de table, qui feuilleta le livre à son tour, mais ne sentit rien.

L'intéressé prit confiance en la petite sainte, l'invoqua : « A chaque fois que je la prie dans la journée, confia-t-il à un ami, la même odeur me frappe, alors même que je n'ai pas le livre. »

Ce jeune homme n'avait jamais entendu parler des parfums de S' Thérèse. Il s'est habitué, dès lors, à la regarder comme sa sœur spirituelle qui, du haut du ciel, veille sur lui.   R⁴ P. R.

C   Monastère de la Visitation de Caen (Calvados), 25 juillet 1909.

Vers le mois de décembre 1908, je commençai à souffrir de l'estomac ; je pus cependant encore continuer les travaux de nos sœurs converses jusqu'au mois de février. Mais au commencement de ce mois, je fus prise de douleurs si aiguës qu'il me semblait qu'une bête me dévorait l'estomac. Quand ces douleurs me prenaient, je ne pouvais plus marcher, et lorsqu'il me fallait prendre un peu de nourriture, elles augmentaient encore.

Le docteur ayant reconnu un ulcère, me condamna au repos complet et me fit suivre un régime qui consistait à ne prendre que du lait coupé d'eau de Vals. Mais bientôt les vomissements reprirent et devinrent plus fréquents ; quatre à cinq fois par jour je rejetais le peu de lait que je prenais et chaque vomissement était mêlé de sang.

Me voyant dans ce triste état, je fus inspirée de faire une neuvaine à sœur Thérèse de l'Enfant-Jésus. Nous la commençâmes le jeudi 24 juin ; nos sœurs la firent avec moi. Pendant la neuvaine, les souffrances ne firent qu'augmenter, malgré cela ma confiance était inébranlable.

Le dernier jour de la neuvaine, vers midi, j'eus une crise très forte ; il me semblait que l'on m'arrachait l'estomac, la douleur était la même dans le dos ; cela dura un quart d'heure à peu près.

A 1 heure, sœur Françoise-Thérèse (LÉONIE), sœur de la bien-aimée petite Thérèse de l'Enfant-Jésus, me donna à boire un peu d'eau dans laquelle elle avait mis un pétale de rose dont sœur Thérèse de l'Enfant-Jésus s'était servie pour caresser son crucifix, et en même temps, Notre Mère, pleine de foi en la puissante intercession de la petite sainte, se mit à genoux et dit un *Laudate* et un *Gloria Patri*. Sa confiance ne fut pas déçue... Aussitôt que j'eus pris cette eau miraculeuse, je sentis quelque chose de très doux qui cicatrisait la plaie.

A partir de ce moment, je ne ressentis plus aucune douleur, mais une faim dévorante. Je bus aussitôt une tasse de lait qui passa très bien, puis, jusqu'au soir, j'en bus un litre et j'avais encore faim.

Le lendemain, au déjeuner, on me servit comme la communauté : je mangeai de l'omelette, des pois, de la salade... Enfin, je me trouve aujourd'hui dans un état de santé des meilleurs. J'ai fait une neuvaine d'action de grâces pour remercier ma chère bienfaitrice, mais mon cœur aura pour elle une éternelle reconnaissance.   S' Marie-Bénigne.

(Suit le certificat du docteur.)

CI   Monastère de X., Amérique, 26 juillet 1909.

Je vous dirai, ma Révérende Mère, un fait merveilleux concernant la « Petite Fleur de Jésus » — c'est le seul nom qu'on lui donne dans notre pays. — Il y a quelques mois, une de nos sœurs, en entrant dans dans sa cellule après une courte absence, remarqua une forte odeur de violettes : elle pensa d'abord que quelqu'un lui en avait apporté un bouquet... Mais elle ne pouvait découvrir nulle part ces fleurs.

Regardant sur son lit où elle avait posé un faire-part de France, elle supposa que c'était cette lettre ; mais quelle n'a pas été sa surprise de trouver que c'était votre lettre circulaire annonçant que la chère Cause est soumise à l'Eglise et relatant les merveilles opérées par la « Petite Fleur de Jésus ». Le parfum se fit sentir pendant plusieurs jours, sans qu'il fût possible de l'expliquer naturellement.

CII   E., Belgique, 27 juillet 1909.

Un saint prêtre, nouveau curé d'Ars, a en sœur Thérèse de l'Enfant-Jésus une confiance illimitée. Outre les grâces qu'il en obtient, il est favorisé presque journellement du parfum de roses et surtout d'encens lorsqu'il prie la petite sainte. Il propage sa dévotion avec une ardeur incroyable, voulant, dit-il, travailler de toutes ses forces pour hâter sa béatification.   M. M.

CIII   M. (Seine-Inf^{re}), 30 juillet 1909.

Un monsieur, ami de notre famille, était sur le point de mourir. Depuis longtemps, il était hostile à la religion et matérialiste. Son entourage voulut lui faire voir le prêtre, mais il s'y opposa énergiquement. Je fis une neuvaine à la petite sœur Thérèse de l'Enfant-Jésus, et à la fin de cette neuvaine, quelle ne fut pas ma surprise et celle de la famille du moribond de le voir, contre toute espérance, demander le prêtre et recevoir les derniers sacrements avec une grande piété. Ayant survécu quelque temps encore, il persista dans ses bons sentiments. Voyant sa dernière heure approcher, il fit demander de nouveau le prêtre et mourut en baisant une médaille de la sainte Vierge.

Depuis longtemps j'aimais sœur Thérèse de l'Enfant-Jésus, mais maintenant ma confiance en elle n'a plus d'égale.   R.

CIV   X., Angleterre, juillet 1909.

Thérèse disait qu'elle était « mère des âmes » et je suis bien sûre que mon âme est son enfant à la vie de la grâce. Oh ! ma Révérende Mère, si vous saviez tout ce que je dois à cette petite bienfaitrice si généreuse ! Aussi, Notre-Seigneur attire fortement ma volonté à placer « à sa banque » quelque forte somme pour servir aux frais de sa Cause.

Je me souviens d'avoir lu un jour cette réponse de la Mère Margaret Hallahan, quand le P. Supérieur lui demanda : « Comment avez-vous placé cette somme que vous avez reçue ? » — « Au meilleur placement que je connaisse, dit-elle : je l'ai placée au profit des pauvres enfants orphelins. » Et moi je pense que, pour une petite Bienheureuse, un placement doit être très bon et très agréable à Dieu.

Croyez bien, ma très Révérende Mère, qu'en tout ceci c'est moi qui reste à devoir. Vous ne saurez jamais ici-bas l'étendue de mon obligation à Thérèse !   X.

CV
               X. (Gironde), 1er août 1909.

 Je vous serais très reconnaissante de vouloir bien publier une grande faveur obtenue par votre sainte petite sœur Thérèse de l'Enfant-Jésus.
 La discorde la plus grande régnait dans ma famille et en faisait la désolation, lorsque, me rappelant la recommandation que faisait votre chère sœur d'être toujours des « anges de paix », je la priai de vouloir bien faire elle-même ce qu'elle recommandait aux autres, et, pleine de confiance en son pouvoir, je commençai une neuvaine à saint Joseph, le suppliant de réconcilier un père avec son fils, par les mérites et la très grande charité de sœur Thérèse du Carmel de Lisieux.
 La neuvaine n'était pas terminée qu'un événement providentiel et inespéré ménageait cette réconciliation si ardemment désirée.
 Tous les griefs sont tombés et la haine a fait place à la plus tendre amitié.
 L'intervention du ciel a été manifeste !
                          D.

CVI
                X. (Orne), 4 août 1909.

 En proie à des doutes cruels depuis des années, je retrouvai la paix de l'âme sur la tombe de sœur Thérèse de l'Enfant-Jésus. Sur cette tombe bénie, je passai des horreurs de l'enfer aux suavités du ciel.
                          L. A.

CVII
                  Paris, 5 août 1909.

 Une de nos enfants avait la fièvre typhoïde. Je la recommandai à votre angélique petite sainte, et le jour même la fièvre commença à décroître remarquablement jusqu'à tomber peu à peu à la température normale. Nous avons fait dire sans tarder une Messe d'actions de grâces.
 Il y a sept ou huit ans, la vie de sœur Thérèse de l'Enfant-Jésus a répandu tout à coup une odeur délicieuse très accentuée dans la salle de notre noviciat : c'était une odeur d'héliotrope très pénétrante. Je voulus prendre le livre pour me rendre compte du prodige;... lorsque je l'eus dans les mains, ce furent des flots de parfums semblables à ceux de l'encens, si bien qu'une sœur qui se trouvait à l'extrémité de la salle me dit : « Que faites-vous là, ma Mère, vous brûlez du papier d'Arménie ? »
 Je portai le volume à notre Révérende Mère qui jouit de la même céleste odeur ainsi que toute la communauté. Le portrait de sœur Thérèse qui est au commencement du livre a gardé ce parfum au moins pendant deux ans.
                       Sr X.,
                   maîtresse des novices.

CVIII
                New-York, 12 août 1909.

 A la gloire de Dieu tout-puissant et de sa servante Thérèse, la petite Fleur de Jésus, je raconterai la grande faveur reçue par l'intercession de la sainte petite carmélite.
 Cette grâce obtenue est la guérison extraordinaire de ma sœur mortellement blessée. Cette chère sœur marchait dans les rues de New-York le matin du 30 juillet 1909, quand un cheval indompté se précipita sur elle et la piétina. Sa figure fut horriblement contusionnée et sa tête reçut

un tel coup qu'elle était tout en sang. Bien plus, les côtes brisées percèrent le poumon ; le cœur fut également blessé et comprimé ; en un mot elle offrait l'aspect le plus pitoyable.

Dans son intense agonie elle ne perdit pas cependant connaissance et put se confesser dans la rue, au prêtre accouru de l'église la plus proche.

Le docteur de l'ambulance de New-York ne pensait pas qu'il lui fût possible d'arriver vivante à l'hôpital et, pour tout espoir, dit seulement qu'une personne sur mille pouvait en réchapper après de si terribles brisements.

Tout le jour la pauvre jeune fille resta suspendue entre la vie et la mort et, vers minuit, tout espoir de guérison était abandonné. Chaque respiration semblait être la dernière. Elle resta dans cette agonie jusqu'au 3 août.

C'est alors qu'une religieuse, très dévote à sœur Thérèse de l'Enfant-Jésus, nous conseilla de placer en elle toute notre espérance et de lui commencer une neuvaine. Je donnai à ma sœur une image-relique de la petite sainte ; elle l'appliqua, avec la plus grande confiance, sur son corps broyé. Le dernier jour de la neuvaine la malade était sauvée.

Sr M. A.

CIX   Monastère de X., Angleterre, 15 août 1909.

Je vous envoie des détails sur la maladie et la guérison de ma sœur. En novembre elle perdit la raison par suite de ses études sur le spiritualisme et la télépathie. Elle avait lu pendant deux ou trois ans des livres diaboliques sur ces sujets, et elle disait recevoir communications des esprits. Elle n'avait jamais de repos.

On dut la mettre dans une maison de santé où elle resta pendant trois mois et fut examinée par sept médecins... ces messieurs étaient sans espoir. Pendant longtemps ils firent usage d'hypnotisme et de beaucoup d'autres remèdes, mais en vain ! Enfin ils la renvoyèrent chez sa mère. Elle était terrible.

Au mois de janvier je la mis sous la protection de sœur Thérèse qui entendit mes prières. Aujourd'hui ma sœur est complètement guérie, grâce à Dieu et à sa *petite Fleur!*

Notre chère Révérende Mère me charge de vous dire encore que sœur Thérèse lui a obtenu une grande faveur. C'est une grâce merveilleuse !

S^r X.

CX   V. (Isère), 18 août 1909.

Sur la tombe bénie de sœur Thérèse de l'Enfant-Jésus, lors de mon pèlerinage à Lisieux, j'ai joui de parfums célestes pendant une demi-heure.

L'abbé P.

CXI   X. (Ardèche), 21 août 1909.

Je revenais d'Algérie lorsqu'une forte tempête menaça de nous engloutir. J'ai invoqué sœur Thérèse et immédiatement la tempête s'est apaisée.

M.

CXII

X., Italie, 22 août 1909.

Il y a un an que me fut accordée la grâce d'aller prier sur la tombe de la sainte petite sœur Thérèse de l'Enfant-Jésus. Les miracles dus à son intercession m'ont engagé à lui recommander le soin d'une âme très chère qu'elle a fait rentrer presque immédiatement dans la voie du salut. Manifestement, parmi les hommes, la douce petite sainte n'en retirera ni profit ni gloire, mais quelle blessure fermée au Cœur de Jésus !

Dom B.

CXIII

Paris, 25 août 1909.

Gloire à Dieu dans votre angélique sœur Thérèse de l'Enfant-Jésus ! Elle vient encore d'effeuiller une rose sur l'âme d'un pauvre pécheur !

Après plus de dix ans passés dans l'oubli de Dieu, après une vie toute de péché, je viens de retrouver la paix de ma conscience à la fin d'une neuvaine à l'ange de Lisieux.

M. L.

CXIV

X. (Loiret), 31 août 1909.

Il m'est venu un mal au bras à la suite d'un coup. Je le fis voir au médecin qui me dit que j'avais un très mauvais mal. Et, en effet, je ne dormais plus et je souffrais horriblement. Alors j'eus la pensée d'appliquer sur mon bras une relique de sœur Thérèse de l'Enfant-Jésus. Aussitôt que la relique l'eut touché, je sentis un soulagement tel qu'il m'est impossible de le dire, et, maintenant, je suis complètement guérie.

En reconnaissance je veux faire connaître ma bienfaitrice et la prier tous les jours de ma vie.

M. D.

CXV

Communauté de U. (Eure-et-Loir), 8 septembre 1909.

J'étais éprouvée depuis deux mois par des crises d'appendicite très aiguës. Après avoir été plusieurs jours et plusieurs nuits dans de grandes souffrances on me parla de l'urgence d'une opération. Je pris alors le portrait et la relique de sœur Thérèse que je mis sur le mal, avec une grande confiance. Aussitôt la douleur disparut, j'étais guérie !

(Suit le certificat du docteur.)

S⁺ B., *supérieure*.

CXVI

B.-T., Guadeloupe, 10 septembre 1909.

Très Révérende Mère, je ne puis m'empêcher de vous tracer ces quelques lignes pour vous exprimer ma reconnaissance. J'ai invoqué sœur Thérèse de l'Enfant-Jésus pour la guérison d'un de mes enfants et j'ai été exaucé.

M. B.

CXVII

Communauté de C. (Eure-et-Loir), 15 septembre 1909.

Depuis quelques mois j'avais un larmoiement perpétuel et douloureux de l'œil gauche ; la glande lacrymale s'était enflammée et rendait de l'humeur.

Notre Mère m'envoya alors chez l'oculiste qui me dit que souvent cette inflammation amenait un flegmon, et commença à me soigner en m'enfonçant dans l'œil une sonde qui me fit très mal. Sur ma demande s'il aurait à y revenir il me répondit : « C'est toujours très long ; il faut parler au moins de 14 ou 15 fois, en venant trois fois par semaine. »

Je me résignai et retournai le surlendemain ; il prit une sonde un peu plus grosse et, après avoir examiné mon œil qui me faisait beaucoup souffrir, il parla de 20 sondages. C'était jeudi dernier, 9 septembre.

Le vendredi l'écoulement continuait et la douleur aussi ; c'est alors que j'eus la pensée de m'adresser à sœur Thérèse de l'Enfant-Jésus.

A partir de ce moment je n'ai plus souffert et n'ai plus eu à l'œil le plus petit suintement. Dès le lendemain, je retournai chez l'oculiste ; il m'examina et parut positivement stupéfait de me voir si bien et si rapidement guérie contre toutes ses prévisions.   S^r X.

CXVIII   X (Calvados), 17 septembre 1909.

Je soussigné, F. L., employé au chemin de fer, demeurant rue X, certifie que mon petit garçon, âgé de 7 ans, étant devenu, à la suite d'une fièvre typhoïde qu'il eut il y a trois ans, d'un caractère très irascible, au point de ne pouvoir supporter aucune remontrance sans se mettre dans de vraies furies, a été guéri de cette irascibilité à la suite d'une neuvaine que nous fîmes, en l'honneur de sœur Thérèse de l'Enfant-Jésus, au mois de juin dernier.

Permettez-moi d'ajouter encore l'obtention d'une grâce particulière :

Ayant demandé à Dieu par l'intermédiaire de sœur Thérèse de l'Enfant-Jésus une amélioration dans mes appointements, huit jours n'étaient pas écoulés que j'obtenais le double de ce que j'avais demandé.

Puisse cette attestation servir à la béatification de sœur Thérèse de l'Enfant-Jésus que nous avons prise comme protectrice de notre foyer.
F. L.

CXIX   P. (Loire Infér.), 23 septembre 1909.

Il y a quelques mois, ma mère avait envoyé à mon frère missionnaire la somme de 120 fr. Or, au commencement de septembre courant, elle reçoit une lettre lui disant que les 120 fr. ne sont pas encore rendus et que pourtant le pauvre missionnaire en a un pressant besoin.

Alors ma mère et ma sœur commencent une neuvaine à sœur Thérèse de l'Enfant-Jésus. C'était le 4 septembre. Le troisième jour de la neuvaine, une personne arrive, leur apportant 80 fr. pour lui, le lendemain c'était 6 fr., le surlendemain 14 fr. Le dernier jour de la neuvaine, une autre personne vient offrir 20 fr. C'était la somme perdue. Elle fut expédiée aussitôt.

Reconnaissance à la petite sainte qui aimait tant les missionnaires !
B. L.

CXX   Carmel de P., Italie, 25 septembre 1909.

Une personne vient de se présenter au monastère et nous a dit avoir reçu une grâce signalée par l'intercession de notre chère petite sainte. C'est la guérison d'un de ses petits enfants infirme d'entérite obstinée.

Comment cette femme a-t-elle pu prendre connaissance de notre sœur Thérèse ? Voilà le fait : je ne sais si c'est par étourderie du facteur ou par autre incident, mais le petit paquet de sœur Thérèse que vous m'avez envoyé fut remis aux religieuses du Sacré-Cœur de cette ville. L'une d'elles, de bonne foi, distribua les reliques et les images à la personne susdite, qui est sa cousine.

Vainement, je réclamai les objets qui m'appartenaient : toute restitution se borna au petit livre de la relation des grâces et au papier portant au-dessus mon adresse bien claire et précise. Le bon Dieu aura permis tout cela pour sa gloire et pour la glorification de sa fidèle servante. Qu'il en soit béni !

Relation des parents.

Notre petite Henriette, âgée de 11 ans, était depuis deux ans malade d'entérite aiguë opiniâtre. Tous les remèdes employés avaient été impuissants à la guérir, même à l'améliorer.

Elle demeura un mois à l'hôpital, soumise aux traitements des médecins les plus distingués, mais le mal ne faisait qu'empirer. Nul aliment ne pouvait s'arrêter dans l'intestin et la pauvre petite malade en était venue à un affaiblissement extrême. Emaciée, décolorée, elle n'avait qu'à fermer les yeux au sommeil de la mort. On lui prescrivit les bains de mer, les bains de *salsemaggiore*; rien ne lui profita. Le médecin frappait du pied en voyant l'insuccès de la science.

Affligés, découragés, nous ne songions plus désormais ni à médecins, ni à remèdes. Ce fut alors qu'on nous remit providentiellement un objet ayant appartenu à une religieuse Carmélite : Thérèse de l'Enfant-Jésus. Une neuvaine fut commencée et le dernier jour la guérison était parfaite.

Aujourd'hui, après deux mois, notre petite Henriette se porte aussi bien que si elle n'avait jamais été malade ; pas de rechute, pas de menaces de rechute. C'est un miracle pour nous, car la longue durée et la gravité du mal, la guérison soudaine au moment où la maladie semblait s'aggraver, c'est là un fait que nous ne saurions expliquer par notre courte raison humaine.

X. X.

CXXI

B., Angleterre, 30 septembre 1909.

Les remerciements à Thérèse continuent de pleuvoir dans notre journal catholique. 21 actions de grâces, il y a 10 jours ! T.

CXXII

Carmel de L. (Haute-Vienne), 30 septembre 1909.

Ce matin, en ce douzième anniversaire de la bienheureuse mort de Thérèse, j'ai eu pendant l'oraison l'impression sensible du « Parfum des roses ». Le Mère sous-Prieure et plusieurs de nos sœurs ont senti ce parfum, tout fait des odeurs du paradis. Pour moi, je n'ai pu m'empêcher de verser des larmes sous l'effet de cette grâce bénie.

S' T., *prieure*.

CXXIII

S., Angleterre, 13 octobre 1909.

Je prends la liberté de vous écrire pour vous raconter la guérison merveilleuse que la chère petite « Fleur de Jésus » a opérée en ma faveur.

Je suis une Pénitente et désirais beaucoup entrer dans la communauté des *Madeleine*, mais je tombai malade. En juillet, une névrite se déclara au bras droit : les douleurs que je souffrais la nuit étaient intolérables, il m'était impossible de dormir. Le docteur me donna beaucoup de remèdes, mais aucun ne me soulageait.

Le 4 septembre, j'allai voir la Mère maîtresse des Pénitentes, qui me donna un feuillet de la chère « Petite Fleur » en me disant de lui faire une neuvaine. Je commençai le soir même, cessant tout remède.

Dès le troisième jour, plus de douleurs ; j'étais guérie. A. C.

CXXIV Communauté de B., Espagne, 14 octobre 1909.

J'étais atteinte depuis douze ans de douleurs à la jambe gauche. Pendant 18 mois elles furent intolérables malgré les soins que l'on me prodiguait. Notre Révérende Mère Supérieure me fit conduire alors chez un spécialiste. A la vue de ma jambe qui se desséchait, celui-ci déclara la gravité du mal, ordonna du repos et dit qu'il fallait craindre une paralysie.

J'en étais là, quand une religieuse de notre communauté me prêta une relique de sœur Thérèse de l'Enfant-Jésus, m'engageant à la prier avec une confiance absolue. Je lui fis alors une neuvaine et cessai tout traitement, n'attendant du secours que de notre chère sainte. Les sept premiers jours les douleurs augmentèrent ; j'étais tentée de me décourager, mais une voix intérieure que je ne saurais rendre me disait : « Tu guériras ».

Le huitième jour je me sentis grandement soulagée, mais ma guérison n'était pas encore complète ; alors je fis une seconde neuvaine et la chère petite sainte me prit en pitié.

Depuis un an, non seulement je n'ai donné aucun soin à ma jambe, mais je remplis une charge qui me force à marcher ou à me tenir debout la plus grande partie de la journée, sans prendre jamais une heure de repos. Quelle reconnaissance je garde à sœur Thérèse pour une guérison si inespérée ! S' J. D.

CXXV X., Angleterre, 15 octobre 1909.

Une personne était atteinte depuis huit ans d'une tumeur. Le mal était devenu si enraciné que le professeur, après l'avoir soigneusement examinée, ne craignait pas de dire aux autres docteurs de la clinique que dans un pareil cas il ne fallait jamais opérer, qu'il était trop tard.

Bien des neuvaines avaient été faites sans succès pour obtenir cette guérison ; mais le mal empirait toujours et la mort devenait imminente. Plus de sommeil, plus de nourriture depuis des mois. La pauvre malade avait le visage d'une agonisante et ses yeux commençaient à se voiler.

On lui parle de sœur Thérèse de l'Enfant-Jésus, et le quatrième jour d'une neuvaine au Sacré-Cœur de Jésus et à la très sainte Vierge par l'intercession de cette petite sainte, la malade dormit 4 heures (chose inouïe !) Puis elle a le sentiment que quelqu'un est auprès d'elle et la tient dans ses bras. Elle sent sur son visage un souffle embaumé. Elle ouvre les yeux... Elle est guérie ! Aussitôt la faim la presse et elle peut manger et boire comme en parfaite santé.

Devant un tel prodige on envoie de suite chercher le médecin (protestant). Pendant une heure il l'examine. Plus de trace de cette énorme tumeur !

Quand la fille de Mme X. rentre dans la chambre, elle trouve le docteur à genoux, la tête dans ses mains, stupéfait : « *Après tout,* lui dit-il, *je crois en Dieu; je sais qu'il peut faire des miracles : certes, en voici un !* »

X.

CXXVI
X. (Maine-et-Loire), 15 octobre 1909.

Depuis de longues années ma domestique souffrait de malaises d'estomac allant toujours s'aggravant. Finalement le docteur dit : « Il n'y a plus qu'une chance de prolongement de vie : l'opération. »

La malade ne pouvant plus se nourrir s'y résigna. Il y avait rétrécissement et affection grave au pylore. C'était l'affaire de quelques jours, de quelques semaines au plus.

L'opération eut lieu un vendredi. Le dimanche j'allai voir la malade que je trouvai dans un état épouvantable. Des vomissements de sang à pleine cuvette l'avaient réduite à ce qu'il y a de pire : physionomie sans vie, yeux ternes. Comme voix, un souffle à peine perceptible, inconscience presque complète. Comme nourriture, une seule chose possible : de la glace trempée dans du lait. On croyait si bien à sa mort que les démarches étaient faites auprès des municipalités pour obtenir les pièces nécessaires à l'inhumation.

Mais la fille de la malade m'avait envoyé une petite relique de sœur Thérèse de l'Enfant-Jésus, me demandant avec instance de la faire appliquer à sa mère. Je la confiai à la religieuse qui la soignait et elle lui fut appliquée.

A partir de ce moment je reçus chaque jour des nouvelles de plus en plus rassurantes. Au cours de la neuvaine, la malade avait considérablement repris. Elle mourait de faim et avait grand'peine à s'en tenir au régime exigé.

Quinze jours après je la ramenai chez moi. Depuis longtemps elle a repris son travail, ne sent point de malaises, mange bien, en un mot se sent guérie.

L'abbé B., *curé.*

CXXVII
X. (Nord), 15 octobre 1909.

Je suis très heureuse de pouvoir vous signaler une intervention extraordinaire de votre petite sainte.

Désirant vivement céder mon commerce, j'avais recommandé cette cession à mes protecteurs célestes habituels et m'étais successivement réclamé de la toute-puissante intercession du Sacré-Cœur de Jésus, de N.-D. du Perpétuel-Secours, de saint Antoine de Padoue et de saint Gérard Majella.

Un de mes amis, le R^d Père A., franciscain, à qui je fis part de mes continuelles déconvenues, m'engagea à commencer avec lui une neuvaine à sœur Thérèse de l'Enfant-Jésus. C'était le 25 août, et le 2 septembre, dernier jour de la neuvaine, un amateur sérieux se présentait. M. M.

CXXVIII ·M. (Seine-Inférieure), 17 octobre 1909.

Ainsi que je vous l'ai raconté, ma Révérende Mère, j'atteste que j'ai senti, à différentes reprises, soit dans ma chambre, soit dans mon bureau, une forte odeur de violettes, et cela sans penser à rien et sans que rien révélât la présence d'aucune fleur odorante. Ces parfums me portaient à prier la bien-aimée petite sœur Thérèse et les plus tendres invocations s'élevaient de mon cœur vers elle. Chose surprenante ! Sitôt que j'avais compris qu'elle voulait me faire sentir sa présence et sa protection, le parfum s'évanouissait.

En reconnaissance de la guérison que j'ai obtenue par son intercession, je suis allée faire un pèlerinage à son tombeau. Pendant une demi-heure environ j'ai senti une forte odeur de roses qui émanait de sa tombe ; or, il ne s'y trouvait aucune fleur. Mon père et ma sœur qui m'accompagnaient ont senti la même odeur.   V. C.

CXXIX X., Turquie d'Asie, 18 octobre 1909.

Je soussigné, pour la plus grande gloire de Dieu et la glorification de ses saints, déclare ce qui suit :

Au mois de juin dernier, ma belle-sœur, se trouvant dans son cinquième mois, reçut un sérieux coup de la part de son premier enfant âgé de deux ans qui, tout en s'amusant, se précipita sur elle. Il s'ensuivit des douleurs tellement vives que le docteur, appelé en toute hâte, déclara qu'il y avait à craindre sur l'heure un terrible accident ou bien que l'enfant naîtrait estropié.

Je recommandai aussitôt la chère malade et son enfant aux prières des religieuses carmélites de cette ville, qui demandèrent à Dieu la guérison de la mère en même temps que le parfait état de l'enfant, par l'intercession de sœur Thérèse de l'Enfant-Jésus, morte en odeur de sainteté au Carmel de Lisieux. En même temps, elles me remirent pour la malade un morceau de vêtement de la dite sainte.

Aussitôt que la relique fut appliquée sur le mal, les douleurs cessèrent et la mère se leva le lendemain pour reprendre ses occupations habituelles.

Depuis, tout marcha bien et jamais plus douleur ne reparut. La mère était sauvée... Restait à examiner l'état de l'enfant.

Ce fut une fillette qui vint au monde le 13 octobre, dans un parfait état de santé et nullement estropiée, au grand étonnement du docteur. En signe de reconnaissance, toute la famille a décidé à l'unanimité que l'enfant portera le nom entier de « Thérèse de l'Enfant-Jésus ».   A.

CXXX Rome, 30 octobre 1909.

En lisant la brochure des faveurs attribuées à l'intercession de sœur Thérèse de l'Enfant-Jésus, j'ai pensé qu'un petit chapitre y manquait : celui de ma guérison spirituelle qui, à mon avis, est un grand miracle. Je vais vous le dire le plus brièvement possible :

Ma pauvre âme répondait en tout au portrait de ce qu'on pourrait appeler d'une manière générale, *l'âme moderne* : ténèbres de l'esprit et sentimentalité maladive et non moins pénible du cœur.

J'avais reçu une de ces formations si communes de nos jours, où tout est superficiel, où, comme le disait un religieux éminent, l'on croirait trouver l'élément du semi-péligianisme. C'est une étude continuelle, énervée de soi, et un oubli complet de la grâce. Il arrive alors que les meilleures volontés succombent, se croyant seules à lutter contre la mauvaise nature.

Il faut connaître cet état par expérience, ma Révérende Mère, pour pouvoir s'en faire une idée exacte. Aujourd'hui que sœur Thérèse de l'Enfant-Jésus a donné la paix à mon âme, je puis jeter un regard sur ce passé et en comprendre toutes les misères.

Ce que j'ai souffert pendant ma première année de noviciat, je renonce à vous en parler. Je crois tout dire en vous assurant que ce fut un martyre perpétuel.

Le scrupule avait formé en moi comme une seconde nature, mon esprit voyait tout en noir. C'était la nuit, nuit horrible, nuit que je sentais et que je me voyais impuissant à éviter. On ne marche pas impunément dans les ténèbres, dans un chemin composé d'une suite de précipices ; aussi ma pauvre âme tomba à diverses reprises dans des abîmes de misères. Jésus le permit sans doute pour mieux manifester un jour la puissance de sa petite épouse, car le salut devait me venir par elle.

Je souffrais toujours beaucoup lorsque « l'Histoire d'une âme » arriva providentiellement dans notre monastère. Je voulus la lire à mon tour, et cette lecture produisit en mon esprit une telle impression qu'un rayon d'espérance vint éclairer les ténèbres de mon âme.

Sachant que je ne pouvais garder le livre, je m'empressai de prendre des notes car je crus voir là comme l'aurore de ma délivrance. C'était bien cela en effet. Cette petite « reine » venait d'étendre son royaume jusque dans ma pauvre âme et elle agit en vraie souveraine dans le royaume qu'elle venait de conquérir. Elle commença en moi un travail de transformation qui, en peu de temps, allait remplacer une vie de troubles et de souffrances, en une autre toute de paix et de joie sainte.

La première parole qui sortit des lèvres de mon vénéré Père Abbé, en constatant par lui-même l'action toute divine de cette élue de Dieu sur moi, fut un conseil pressant de vous le faire savoir afin que cela pût servir à la gloire de celle que j'appelle ma libératrice, la vraie mère de mon âme...
X.

CXXXI M. (Aube), 2 novembre 1909.

Le 2 août dernier, mon petit garçon, âgé de cinq ans, fut atteint d'une péritonite à la suite de la rougeole. Malgré les soins du médecin, l'enfant s'affaiblissait de jour en jour de sorte qu'on craignait pour la poitrine. Il avait une forte fièvre, un point douloureux au côté et était devenu d'une extrême maigreur.

Au bout de deux mois, le médecin ayant déclaré qu'il n'y avait ni médecin, ni médicament capable de le guérir, on eut recours à un spécialiste qui ne fit que confirmer le diagnostic du docteur, ne nous cachant pas que l'enfant était perdu, et que la seule chose à tenter était le grand air et la suralimentation. Nous comprenions qu'un miracle seul pouvait le sauver.

Madame la Supérieure du Carmel de X nous conseilla de faire une neuvaine à sœur Thérèse de l'Enfant-Jésus, dont elle avait éprouvé pour elle-même la puissante intercession.

Dieu nous a exaucés ! Le huitième jour de notre neuvaine le cher enfant se lève, l'appétit revient, et l'obstruction intestinale disparaît, c'est une véritable résurrection.

Quelle reconnaissance ne devons-nous pas à sœur Thérèse ! Que Dieu nous accorde sa prompte béatification afin qu'elle soit connue et aimée de tous !   A. R.

CXXXII   S. M., Portugal, 14 novembre 1909.

Au commencement du mois de mai, mon frère s'est fait mal à la jambe et la blessure, d'abord insignifiante, devint de plus en plus grande et prit un aspect horrible : elle allait du genou au pied. Il souffrait de grandes douleurs et tous les jours le mal devenait plus grave. Ce qui nous faisait perdre courage c'était l'exemple de notre oncle, affligé, depuis bien des années, d'une semblable blessure qu'on n'a jamais pu guérir...

Je me suis alors tournée avec confiance vers sœur Thérèse de l'Enfant-Jésus. Nous fîmes trois neuvaines de suite, et, à la dernière, la jambe fut guérie.   J. M. de B.

CXXXIII   X, Portugal, 15 novembre 1909.

Un ménage vivait très uni, lorsque tout à coup le mari, par suite d'un acte louable de sa femme, mais qu'il interpréta en mauvaise part, se détourna d'elle et tout devint angoisse à ce foyer. La pauvre femme a recours à sœur Thérèse de l'Enfant-Jésus, lui fait une neuvaine avec ses filles, et, en peu de temps, le mari comprend son innocence et le bonheur rentre dans la famille.

Cette personne, dans sa reconnaissance, me prie de vous communiquer ceci, sous la désignation d'un beau miracle.   X.

CXXXIV   X, 17 novembre 1909.

Je vous avais recommandé le sort touchant d'une de mes amies, dont le mari avait disparu trois semaines après son mariage.

Il y avait environ un mois de cette disparition quand je vous écrivis ; tout espoir semblait alors perdu, car, à Paris, la police publique et secrète avait fait les plus minutieuses recherches sans obtenir le moindre résultat, tant en France qu'à l'étranger. On avait fini par supposer que le pauvre malheureux avait été assassiné et jeté dans la Seine.

Or, le troisième jour de la neuvaine faite à sœur Thérèse de l'Enfant-Jésus, le préfet de la ville d'Alger annonçait à la famille éplorée que M. X. était retrouvé. Le même jour, Mᵐᵉ X. recevait elle-même une lettre de son mari qui lui narrait sa triste histoire.

Le malheureux avait été subitement frappé d'amnésie en faisant une course dans Paris. Après avoir erré plusieurs jours dans la banlieue il avait pris le train pour Dijon, puis était allé en Suisse, et, toujours sous le coup de l'hallucination, s'était embarqué pour Alger. N'ayant plus d'argent, il souffrit cruellement de la faim et dut coucher sous les ponts.

Enfin, un jour, l'amnésie se dissipa et il se rendit compte de sa triste situation (c'était exactement le premier jour que nous commencions la neuvaine). Le malheureux fut d'abord épouvanté, et pensant au désespoir qu'il avait dû causer à sa femme et aux siens, il songea au premier instant à se suicider. Mais il comptait sans le secours d'En Haut... Il se sentit poussé à entrer dans une église ; là, il se rappelle la foi de son enfance, puis une voix intérieure — il le dit lui-même — lui suggère la pensée d'écrire à sa femme. Enfin, il se rend chez le préfet et le prie de télégraphier à sa famille. Il était sauvé grâce à la protection visible de l'angélique Thérèse de l'Enfant-Jésus !
J. D.

CXXXV   D., Sénégal, 18 novembre 1909.

Vers la mi-janvier 1909, je fus pris d'un chagrin immense, d'une tristesse et d'un abattement insupportables.

J'avais perdu tout appétit, toute gaieté, je maigrissais à vue d'œil, le temps me paraissait ne pas s'écouler ; et, ne prenant de plaisir absolument à rien, la neurasthénie vraiment horrible qui m'étreignait, me rendait l'existence d'une amertume que pourront comprendre seuls ceux qui ont subi les effets de cette mauvaise maladie...

Je m'adressai au Sacré-Cœur de Jésus, à Notre-Dame de Lourdes, les suppliant de faire cesser cet état de découragement si profond et cette lassitude dont je ne pouvais m'affranchir.

Pendant quatre longs mois, le ciel sembla demeurer sourd à mes prières et à mes supplications, et je songeais à me faire rapatrier du Sénégal, quand vers les premiers jours du mois de Marie, je me pris à rougir de mon manque d'énergie, je me sentis pris d'un grand courage pour réagir contre mon état mental, cause de tous les maux dont je souffrais. Les forces me revinrent avec l'appétit : la neurasthénie avait totalement disparu. La vie me réapparut pour ainsi dire belle et pleine de charmes.

Le 17 mai, je reçus de ma famille une lettre où l'on m'annonçait que l'on avait commencé et même terminé, à mon intention, une neuvaine en l'honneur de la sœur Thérèse de l'Enfant-Jésus, carmélite, morte en 1897, en odeur de sainteté, au Carmel de Lisieux.

Je dois dire que mes souffrances morales ont pris fin vers les premiers jours de mai, c'est-à-dire, précisément au moment où commençait la neuvaine en l'honneur de la sainte carmélite.

Je délivre cette attestation, en reconnaissance de la faveur obtenue.
O. B., officier.

CXXXVI   B. (Haute-Marne), 21 novembre 1909.

J'avais demandé à sœur Thérèse de l'Enfant-Jésus la grâce d'être délivrée de tentations violentes qui m'assaillaient surtout pendant la nuit.

J'eus, il y a quelque temps, l'idée de suspendre au chevet de mon lit une image de sœur Thérèse qui la représente sur son lit de mort. Depuis ce moment je passe des nuits très paisibles.
M. J.

CXXXVII N. (Alpes-Maritimes), 21 novembre 1909.

Très Révérende Mère,

Je viens accomplir un devoir bien doux que m'impose ma conscience en vous écrivant ces quelques lignes.

Atteint depuis plus de vingt ans d'une maladie d'estomac, je croyais être au terme d'une longue durée de souffrances, car, au mois de juillet dernier, mon mal empira d'une façon inquiétante et mon docteur ne conservait qu'un bien faible espoir. Les médications n'opéraient plus et ne m'apportaient aucun adoucissement. L'appétit était nul et je n'avais plus de sommeil. Les professeurs et élèves devaient partir, vers le 8 juillet, en colonie de vacances, et j'avais depuis longtemps renoncé au plaisir de les suivre tant j'étais épuisé, puisque mon pauvre estomac ne pouvait plus supporter la moindre nourriture, même quelques gorgées de lait.

Je reçus alors la visite d'un jeune séminariste qui me parla, en termes très émus, de la dévotion à sœur Thérèse de l'Enfant-Jésus ; il me proposa de m'associer à une neuvaine de prières faites au Carmel pour ma guérison. Je priai avec toute la confiance que m'avait inspirée mon ami, et le 6 juillet, au soir, je demandai à la « petite reine » de pouvoir dormir jusqu'au lendemain, cinq heures.

Moi qui ne dormais plus, je ne me réveillai le lendemain qu'à l'heure fixée. Mieux encore : l'appétit était revenu et le 8 juillet, au matin, je partis pour un long voyage.

Quinze jours après je pus suivre une excursion et faire 40 kilomèt. à pied dans une seule journée ! Bien des amis qui m'avaient vu si près de la mort, témoigneraient volontiers aujourd'hui du miracle de ma guérison.

Je fais des vœux pour que sœur Thérèse soit connue, vénérée et bientôt glorifiée sur nos autels.   A. H., *professeur.*

CXXXVIII A., 9 décembre 1909.

Ma Révérende Mère,

Je suis chargée par une de mes amies de vous écrire le fait suivant. Avant de commencer permettez-moi de vous donner quelques détails pour vous la faire connaître :

Mme X. est protestante ; sa fille mariée à un Hollandais catholique a fait son abjuration et sa première communion depuis son mariage ; ce jeune ménage habite Buenos-Ayres.

Au commencement de cette année, mon amie vous écrivit, vous demandant un livre de sœur Thérèse de l'Enfant-Jésus car elle voulait faire une neuvaine à cette petite sainte ; elle avait appris que sa fille était malade et, en même temps, elle recevait la nouvelle que son gendre se disposait à revenir en Hollande pour recevoir un dernier adieu de son père mourant. Cette pensée était pour elle une véritable épreuve, sachant loin d'elle sa fille restée seule et malade.

Chaque jour de la neuvaine Mme X. lisait un chapitre de la vie de sœur Thérèse. Or, un jour qu'elle venait d'achever sa lecture, après avoir senti plusieurs fois une odeur de fleurs et d'encens, elle voit tout à coup devant elle une mer bleue, sur laquelle voguait un bateau qu'elle reconnut pour être un de ceux de la Compagnie hollandaise ; en même temps elle entendit comme des bruits de cloches et des voix célestes qui la ravissaient. Cela dura quelques instants, puis tout cessa... « Qu'est-ce ceci ?!... » se dit-elle.

Elle ne parla d'abord à personne de ce qui venait de lui arriver ; mais au bout de quelques jours elle dit à son mari : « Nous avons la certitude que notre gendre est en route ; mais si toute la famille revient, notre gendre, notre fille, notre petit-fils, je puis te dire que mes idées religieuses seront changées : je croirai à la communion des saints, car voilà ce que, pendant ma neuvaine, j'ai vu et entendu.

Les choses s'étant réalisées à la lettre, Mme X. a tenu sa promesse, elle croit maintenant à la communion des saints. Nous espérons que sœur Thérèse, dont elle porte une relique, achèvera son œuvre en éclairant tout à fait cette âme.

Elle-même veut signer cette lettre que je vous écris en son nom.
Veuillez, etc...
C. Th. de C.

Après avoir lu la lettre de mon amie, j'affirme que c'est la vérité.
D. B.-P.

CXXXIX
X. (Sarthe), 14 décembre 1909.

Vendredi matin, après la Messe, Monsieur le curé vint me recommander un pauvre poitrinaire moribond qui refusait obstinément d'entendre parler de religion.

Ce père de famille dans toute la force de l'âge, mais usé prématurément par l'alcool, avait passé sa vie à tourner en ridicule la religion et ses ministres. Avec une grande facilité d'élocution, il parlait dans les cafés non seulement contre Dieu, mais il se plaisait même à outrager la sainte Vierge.

En écoutant cela, je pensai à « la petite Fleur de Marie » et je dis à M. le Curé : « Peut-être pourriez-vous glisser, près du lit de ce malheureux, une image de la petite carmélite ? — Cela me semble difficile, me répond-il, je verrai... Mais avec un être pareil il y a peu d'espoir ! » Pour moi je pensais que sœur Thérèse avait bien obtenu la conversion de Pranzini et j'étais pleine de confiance.

De retour à la maison, m'agenouillant devant son image, je lui fis cette prière : « Chère sœur Thérèse de l'Enfant-Jésus et de la sainte Face, souvenez-vous de votre zèle pour sauver Pranzini, de votre amour pour les pauvres pécheurs ; obtenez à celui-ci la grâce d'une bonne mort ! »

Trois jours après le malade était mort et une fois de plus Thérèse avait remporté la victoire... Il s'était confessé, avait reçu l'absolution, l'Extrême-Onction, répondu aux invocations pieuses et baisé le crucifix, témoignant les sentiments de la plus sincère pénitence.
A. V.

CXL
L. (Calvados), 16 décembre 1909.

Voilà quinze jours, une jeune parente, âgée de vingt-deux ans, descendait chez moi pour se faire opérer d'une fistule. Je lui donne à lire les faveurs attribuées à votre petite sainte ; et, profondément touchée de ces guérisons, elle se recommande elle-même avec confiance à votre chère sœur.

Nous commençons ensemble une neuvaine et, le jeudi 9 novembre, la malade voulut faire un pèlerinage sur sa tombe. A mesure que nous priions il nous semblait qu'un petit oignon de fleurs sortait de terre ; la malade le prend et, rentrée à la maison, je l'appliquai avec une grande foi sur la fistule qui était grosse comme un œuf.

Le dernier jour de la neuvaine, cette jeune fille était complètement guérie. Depuis elle fait de longues marches sans se fatiguer et ne souffre plus du tout. Nous ne savons comment exprimer notre reconnaissance à la chère sœur Thérèse de l'Enfant-Jésus, si puissante auprès du bon Dieu. V. L.

CXLI A., Madagascar, 19 décembre 1909.

Notre petite sainte continue à travailler fort à la mission et nous fait constater une fois de plus la vérité de ses paroles : « Je veux passer mon ciel à faire du bien sur la terre ». Ce bien, je vois qu'elle aime surtout à le faire chez les plus petits, les plus pauvres, les plus déshérités des biens de la fortune et même de la grâce.

J'avais une pauvre infirme qui, depuis plus de dix ans, ne pouvait se mouvoir. Après plusieurs neuvaines à sœur Thérèse, elle s'est trouvée guérie et peut maintenant marcher. Elle vient d'être baptisée et a pris le nom de Marie-Thérèse. Mais j'ai à vous raconter une autre merveille :

Il y a un mois m'arrivait une pauvre Malgache portant dans ses bras un bébé plein de santé que j'avais baptisé la mort sur les lèvres. Et, me le présentant, ainsi qu'une image de Thérèse que nous lui avions donnée pour tout remède, elle me dit : « *La belle dame que tu m'as donnée a guéri mon fils pendant la nuit ; je le croyais mort et déjà je pleurais... et elle arriva en portant une robe blanche qu'elle déposa sur lui, et quand mon petit se réveilla, il était guéri.* »

N'est-il pas vrai, ma Révérende Mère, que ce sont là de beaux traits à insérer dans la « Pluie de roses » ? Sr J. B.

CXLII L., 22 décembre 1909.

Le mois dernier un jeune homme de B. souffrait beaucoup dans les reins et dépérissait de jour en jour. Il se décida à aller au médecin qui constata la tuberculose du rein et jugea une opération urgente.

Ce jeune homme ayant sa belle-mère dans cette ville, il s'y rendit avec beaucoup de peine et fut admis à l'hospice. Les docteurs constatèrent, en effet, qu'un rein était complètement perdu, et qu'il fallait au plus tôt l'extraire pour qu'il ne communiquât pas le mal à l'autre. Le malade étant très épuisé par le voyage, il fallut attendre quelques jours avant de tenter l'opération. Pendant ce temps sa belle-mère, entendant parler des merveilles opérées par l'intercession de sœur Thérèse de l'Enfant-Jésus, commença une neuvaine et se rendit sur la tombe de la petite sainte, où elle cueillit quelques fleurs qu'elle plaça, avec une relique, sous l'oreiller du malade. Les sœurs de l'hospice firent aussi la neuvaine.

Pendant ce temps le malade souffrit beaucoup et eut plusieurs vomissements. Le dernier jour il sentit un bien-être étrange ; il était guéri !

Lorsque le chirurgien vint pour l'ausculter, il déclara qu'il n'y avait plus trace de mal et qu'il était absolument inutile de faire une opération. Ce docteur, protestant, ne croit pas au miracle ; mais il ne peut expliquer un changement, survenu d'une manière si imprévue, dans l'état de son malade.

Depuis, la dévotion à sœur Thérèse de l'Enfant-Jésus s'est accrue à l'hospice où elle a déjà guéri plusieurs personnes.   M. A.

CXLIII   G., Belgique, 29 décembre 1909.

Permettez-moi, ma Mère, de vous rapporter une grâce signalée que j'ai reçue de la petite sœur Thérèse de l'Enfant-Jésus.

J'achevais ma première et, par malheur, mon esprit, je crois, faisait fausse route en suivant des goûts trop prononcés pour la poésie. Je voyais la source du mal, et cependant je ne pouvais m'avouer le tort que je me faisais en cédant à cette passion dévorante pour les vers.

La Semaine Sainte approchait et je pensais que ces belles cérémonies frapperaient mon esprit ; les premiers jours il n'en fut rien ; impossible de me recueillir. Je m'amusais sur le bord de l'abîme.

Le vendredi 9 avril, un de mes condisciples me proposa de me faire lire la vie de Sr Thérèse, qui « faisait de beaux vers », me dit-il. — « Je la lirai peut-être, mais seulement vers la fin des vacances », répondis-je. Et en moi-même je me disais : « Qu'est-ce que ça peut bien être des vers de bonne sœur ? J'ai bien autre chose à faire ! » J'étais décidé à ne pas m'en occuper davantage. Le lendemain samedi, voilà que mon condisciple m'apporte le livre en me disant : « Si vous voulez lire ? » Je craignis de le contrister en n'acceptant pas et je me promis de lire quelques pages, tout juste pour dire que j'y avais goûté. C'était le soir.

Ah ! ma Mère, la grâce m'attendait là, moi si dissipé, si peu courageux, si facilement payé de bons mots, enivré de littérature, en moins de deux heures je me trouvai changé. Les nombreux vers que j'avais composés, je les rassemblai et le lendemain ils disparaissaient à jamais. Pendant mes trois derniers mois d'études, ce qui avait fait mes délices se trouva fade pour moi ; j'étais décidément à Dieu.

Je ne puis en douter, ma Mère, quand je considère ce que j'étais avant ce 10 avril 1909 ; je trouve là quelque chose d'extraordinaire et je me dis, moi aussi, que la petite sœur passe son ciel à faire du bien sur la terre.   F. B.

CXLIV   C. (Mayenne), 3 janvier 1910.

Je dois vous dire, pour l'honneur de votre petite sainte, que j'ai senti plusieurs fois une odeur de lis et de roses se dégager des images qui portent une parcelle de ses vêtements.

Lisant sur ces images que Sr Thérèse de l'Enfant-Jésus était morte en odeur de sainteté, je ne m'étonnai pas et pensai que tous devaient sentir cette odeur. On m'a appris depuis que j'avais été l'objet d'un privilège ; j'en remercie vivement la chère sainte, à laquelle je dois bien d'autres grâces.   X.

CXLV   R. R. (Orne), 10 janvier 1910.

En allant à Lisieux, le 4 août dernier, accomplir un pèlerinage à la tombe de Sr Thérèse de l'Enfant-Jésus où je fus guérie de mes peines intérieures, je passai à Caen pour consulter un oculiste renommé. Il me trouva les yeux très malades et me condamna à subir une opération dans le délai d'un mois.

Pendant que Sr Thérèse soulevait la montagne de ma détresse d'âme dont je vous ai parlé, ma Révérende Mère, j'eus la pensée de lui demander de guérir aussi mes yeux. Je les appuyai sur la croix de sa tombe avec confiance. Il me sembla alors qu'elle y mettait du velours et le mal disparut... Je n'ai fait aucun remède et n'ai point eu à subir d'opération. Je travaille sans fatigue à la lumière, ce que je ne pouvais plus faire.
                                                                                    L. A.

CXLVI   S. (Mayenne), 11 janvier 1910.

Au mois de mai 1909, ma mère tomba très gravement malade et le médecin me dit en particulier : « Votre mère est perdue : elle est atteinte d'un ulcère à l'estomac. » J'étais désolée et ne savais à quel saint la recommander, quand une de mes amies me conseilla de faire une neuvaine à Sr Thérèse de l'Enfant-Jésus.

Ma mère avait vomi plusieurs fois un sang noir et fétide ; depuis 15 jours, elle ne pouvait plus digérer ni les œufs, ni le lait, et passait des nuits épouvantables.

Le premier jour de la neuvaine, je fis tremper dans l'eau une relique de la petite sainte ; ma mère en but et se trouva mieux ; le troisième jour elle éprouva, au moment où elle buvait l'eau, quelque chose d'anormal, comme un resserrement subit à l'estomac. *Elle était guérie,* et pleine de joie et de confiance, elle se mit à manger du pain et de la viande, ce qu'elle n'avait pas fait depuis quatre mois.

Aujourd'hui, 11 janvier 1910, son parfait état de santé s'est très bien maintenu. Je garde, ainsi que toute ma famille, une profonde reconnaissance à Sr Thérèse de l'Enfant-Jésus.   M. H., *couturière*.

Suit la signature de M. le Curé et de plusieurs autres personnes.

CXLVII   X., 13 janvier 1910.

Depuis 35 ans mon père ne pratiquait pas et bien souvent ma mère, affligée de ses blasphèmes contre Dieu et la religion, conjurait la sainte Vierge de le convertir.

Au moment d'une mission dans notre paroisse, Mme de W*** nous apporta la vie abrégée de Sr Thérèse de l'Enfant-Jésus : « Appel aux petites âmes », nous recommandant d'invoquer avec ferveur la petite sainte. Il y avait un portrait de Sr Thérèse dans ce livre ; ma mère le plaça sous le traversin du lit de mon père, priant avec ferveur une partie de la nuit pour qu'il assistât au sermon du lendemain.

L'heure étant arrivée, il s'y rendit ; c'était la Consécration de la paroisse à la Très Sainte Vierge. — Que se passa-t-il? Dieu seul le sait... Les deux soirs suivants, il se rendit également au sermon des hommes. Enfin, S' Thérèse obtint de Notre-Seigneur qu'il fît la communion la nuit de Noël. Notre vie ne sera pas assez longue pour remercier Dieu d'un tel bienfait !

X.

CXLVIII

X. (Calvados), 9 janvier 1910.

En novembre dernier, mon fils fut atteint d'une péritonite aiguë et le médecin déclara le cas très grave. Il revint bientôt accompagné d'un chirurgien, pour tenter l'opération qui était la seule planche de salut, disait-il ; mais après un examen minutieux, tous deux furent unanimes à déclarer cette opération impossible, la faiblesse du malade étant trop grande, et ils ne nous cachèrent point que la fin était proche, quelques heures, une journée peut-être et c'en était fait.

Le lendemain matin, le docteur revint et apporta une relique de sœur Thérèse de l'Enfant-Jésus qu'il posa lui-même sur le malade, et je fis commencer au Carmel une neuvaine à la petite sœur.

Immédiatement les vomissements et le hoquet qui étaient presque continuels cessèrent, et vers le milieu de la neuvaine les deux docteurs déclaraient mon fils hors de danger. Ils ont ajouté que, dans leur carrière déjà longue, leur science n'a rien pu dans un semblable cas, aussi reconnaissent-ils que cette guérison est due uniquement à l'intercession de la petite sœur Thérèse de l'Enfant-Jésus.

V. D.

CXLIX

N., 17 janvier 1910.

J'étais très souffrante depuis plusieurs jours d'un grand mal de tête, j'avais de plus mal aux jambes et ne pouvais me tenir debout, de sorte que Mademoiselle X., ma maîtresse, m'avait envoyée coucher. Bientôt je fut prise d'une sueur froide et, au bout de deux jours, me sentant de plus en plus malade je mis la relique de votre chère petite sainte sur mon front. A l'instant même je me sentis guérie. Je me levai et je repris mon travail sans éprouver aucune fatigue.

Mais voici une autre grâce que j'estime bien autrement grande. J'ai demandé à mon confesseur si je pouvais vous la faire connaître. Il m'a répondu que, non seulement je le pouvais, mais que c'était un devoir de le faire.

Depuis environ 22 ans, je n'avais pas cessé d'éprouver des doutes contre la foi. J'en étais réduite, la plupart du temps, à aimer le bon Dieu, à le servir, *au cas où il existerait*. En même temps j'avais une grande soif de Dieu ; de sorte que cette soif de Dieu, avec l'impossibilité de le trouver, me faisait quelquefois penser aux souffrances des damnés dans l'enfer.

Mais depuis que j'ai lu, dans la vie de sœur Thérèse de l'Enfant-Jésus, ce qu'elle dit de l'Amour miséricordieux du Seigneur, les doutes se sont enfuis, la reconnaissance et la confiance ont pris tout mon cœur.

Pour remercier la chère petite sainte, j'ai l'intention de prélever sur mes gages ce qui me sera possible, pour aider à faire connaître sa « petite voie d'amour et d'abandon » ; ce sera mon humble merci.

A. F., *servante à N.*

Pluie de Roses.

CL   N. (Oise), 17 janvier 1910.

Mon petit garçon avait été pris de fièvre, points dans le dos et avait surtout un violent mal de tête.

Il était ainsi depuis deux jours, quand, lui ayant posé sur la poitrine la relique de votre chère sainte, il se trouva guéri *à l'instant même*.

                                                                                                    L. B.

CLI   Monastère de X., Canada, 18 janvier 1910.

Je venais à peine d'achever la lecture du récit des grâces extraordinaires que Sr Thérèse de l'Enfant-Jésus accorde de tous côtés, que l'occasion s'est présentée pour moi d'avoir recours à sa puissance sur le divin Cœur de Jésus.

Un de nos frères qui travaille au moulin s'était fait une blessure grave. Il venait de descendre au bas du moulin (à la turbine) lorsqu'il s'aperçoit que quelque dérangement se produisait à l'étage supérieur. Il remonte précipitamment l'escalier, quand tout à coup le couteau qu'il porte toujours suspendu à la ceinture est venu heurter le manche contre le degré de l'escalier, et la lame sur laquelle il a frappé de toute sa force est entrée profondément dans le genou, entre la rotule et le kondyle ; cette lame, de 6 centimètres de long, était si fortement engagée que le pauvre frère ne pouvait la retirer. Mais le plus grand mal venait de ce que le sang, au lieu de sortir de la plaie, avait coulé à l'intérieur ; le médecin, qui ne se dissimulait pas la gravité du coup, disait que la poche ou récipient à synovie était percé, et il eut grand'peine à faire sortir un peu de sang au dehors ; il restait au fond du récipient, ce qui faisait craindre qu'il ne se corrompît et ne formât un abcès. Le docteur décida que, dans quelques jours, il faudrait seringuer fortement la plaie.

Le travail était urgent au moulin, et personne pour remplacer notre frère meunier. J'eus alors l'inspiration de m'adresser à la chère sainte Thérèse de l'Enfant-Jésus. Pendant qu'on donnait des soins au blessé, je disais intérieurement : « Puisque vous avez promis de faire descendre du Ciel, une pluie de roses, *laissez tomber une petite feuille de rose sur ce genou.* »

Tout le jour, le bon frère souffrit beaucoup ; son estomac ne pouvait rien supporter, pas même du liquide, et il se trouvait toujours près de s'évanouir. — Nuit sans sommeil. — Le lendemain, la plaie était fermée et sèche... plus de douleur, même à forte pression ! L'obéissance seule a été capable de retenir le blessé au repos ; trois jours après, il a échappé et est revenu au moulin.

Ma reconnaissance et ma confiance sont acquises pour toujours à cette âme privilégiée. Je la prie souvent, et mon grand désir serait d'avoir quelque petit objet qui lui ait appartenu.   Fr. X., *prieur*.

CLII   Québec, Canada, 18 janvier 1910.

Ma mère souffrait depuis longtemps de vives douleurs à un pied, tellement qu'au mois de décembre, elle n'avait plus d'espoir que dans

une opération. Je pris alors une image de sœur Thérèse de l'Enfant-Jésus que je plaçai le soir dans le bandage, et le lendemain tout mal avait disparu.
A. B.

CLIII   M., Indes, 19 janvier 1910.

Un prodige de grâce s'est opéré par la lecture de la vie de votre aimable sainte.

Cette histoire est tombée entre les mains d'une dame veuve qui a passé toute la nuit à la lire... Le matin, elle était convertie ! Accablée de remords, elle s'est confessée et maintenant elle n'aspire plus qu'à la vie religieuse...
X.

CLIV   E., Belgique, 19 janvier 1910.

C'est à sœur Thérèse de l'Enfant-Jésus que j'attribue d'être guérie d'un abcès au foie sans avoir dû subir l'opération jugée nécessaire par plusieurs docteurs. Je l'ai priée avec grande confiance lui promettant de propager sa dévotion et de faire un pèlerinage à son tombeau si elle m'accordait la grâce demandée.

Aujourd'hui je suis mieux portante qu'avant ma maladie.   E. V.

CLV   E., Belgique, 7 février 1910.

Je vous envoie une offrande pour une grâce obtenue par l'intercession de sœur Thérèse de l'Enfant-Jésus. L'ange de Lisieux est si vénérée dans une brave famille ouvrière que le père, qui lui doit sa guérison, en parle chaque jour à l'atelier et gagne ainsi de nouveaux admirateurs à sa bien-aimée protectrice.

M. le Curé serait très reconnaissant si vous vouliez bien lui envoyer un peu de la terre du tombeau de sœur Thérèse. On en fait de petits sachets qu'il distribue aux malades. Ils sont reçus avec tant d'empressement et de confiance !

CLVI   B., Belgique, 8 février 1910.

Je suis bijoutier. Je me trouvais l'année dernière dans un grand embarras d'argent. Je devais payer une liasse de factures et ma caisse était presque vide. Les affaires allaient mal, et je me demandais avec un peu d'anxiété comment j'allais pouvoir équilibrer mon budget. L'idée me vint alors de faire une neuvaine à la sainte Vierge par l'intercession de sœur Thérèse de l'Enfant-Jésus dont j'avais lu la vie il y a quatre ans.

Or, un jour, vers le milieu de la neuvaine, nous fîmes une vente extraordinairement forte, et le soir nous nous trouvions devant une recette que jamais, depuis dix-huit ans que nous sommes dans les affaires, nous n'avions encore faite. Cette recette représentait exactement la somme totale des factures que j'avais à payer. Je voudrais bien, maintenant, posséder quelque parcelle d'un linge qui ait touché au tombeau de cette sainte âme que j'ai prise pour ma protectrice.   B. H.

CLVII   L. S., 9 février 1910.

Un petit garçon de sept ans, qui paraît possédé du démon, était délaissé par tous les médecins, il criait nuit et jour et déchirait tout son petit corps qui n'était qu'une plaie. Après une neuvaine faite à la sainte Vierge par l'intercession de sœur Thérèse, l'enfant s'est calmé, les cris ont cessé et son corps est redevenu sain. L. L.

CLVIII M. (Meurthe-et-Moselle), 10 février 1910.

Un petit enfant, consacré par un missionnaire et ses parents à la très sainte Vierge et à sœur Thérèse de l'Enfant-Jésus, dès sa naissance, était sur le point d'expirer. On vient trouver le Père tout en larmes : « Le petit Eusèbe est à la mort ! » Le fils du servant de messe du missionnaire court en hâte et trouve en effet l'enfant comme mourant. Ayant toujours sur lui une relique de sœur Thérèse il la met sur l'enfant qui, *immédiatement,* revient à la vie et demande le sein de sa mère. C.

CLIX V., 11 février 1910.

Je suis prêtre, professeur au petit séminaire diocésain depuis une dizaine d'années, et l'an dernier, en voyant à la Trappe de Soligny l'image de sœur Thérèse, je me suis senti soudain attiré puisamment vers elle. Je n'ai pas pu m'empêcher de dire : « Oh ! comme Dieu rayonne là ! » Tout le reste m'était indifférent, et j'ai senti que cette image allait compter dans ma vie. A peine rentré au séminaire, j'ai fait connaître cet admirable modèle de vie parfaite à nos jeunes gens, et je sais le bien intime et durable que la chère sainte a daigné faire à ces âmes.

Son souvenir n'a fait que grandir en moi. Je lui ai demandé deux grâces, elle m'a exaucé.

J'ai sa photographie là devant moi sur mon bureau avec mon Crucifix et l'image de la sainte Vierge ; et bien souvent un simple regard jeté sur elle, me rappelle ce qu'un vrai prêtre doit être : tout entier à Dieu et aux âmes, dans le sacrifice humble et caché de soi-même, plein de douceur et de charité pour tous.

Voilà ce que la chère petite sœur m'a fait surtout comprendre. Que de bien je lui dois déjà et comme elle est entrée profondément dans ma vie ! E. R.

CLX B. (Meuse), 11 février 1910.

Le 19 décembre dernier, je reçus la nouvelle que M. B., mon cousin germain, était atteint d'une congestion pulmonaire ; depuis quarante-huit heures, le délire et la fièvre étaient maîtres de lui et le docteur prévoyait une issue fatale.

Avec une confiance sans bornes, je puis dire, ma femme, mes enfants et moi nous commençâmes une neuvaine à sœur Thérèse de l'Enfant-Jésus. J'envoyai à notre parent une image portant une parcelle de ses vêtements et le surlendemain on m'écrivait : « A huit heures du matin, le délire a cessé subitement et le malade s'est trouvé hors de danger. »

C'était juste à l'heure où nous invoquions sœur Thérèse. A. C.

CLXI T., Italie, 11 février 1910.

C'est la reconnaissance qui m'amène à vous, ma Révérende Mère, pour vous annoncer une nouvelle grâce reçue au milieu d'innombrables autres moins grandes, mais continuelles, par l'intercession de votre petite sainte.

Une de nos jeunes sœurs de la Maison centrale des Filles de la Charité de T. avait été frappée d'un érésipèle si violent qu'en quatre jours elle fut à toute extrémité.

Profitant d'une lueur d'intelligence au milieu de son douloureux délire, on lui fit recevoir les derniers sacrements.

Nous en étions à ce point quand je me sentis inspiré de recourir à l'intercession de sœur Thérèse de l'Enfant-Jésus. Je fis commencer une neuvaine aux petites élèves de la malade et, au troisième jour, notre chère Sœur était hors de danger.

Aidez-nous, ma Révérende Mère, à remercier sœur Thérèse dont la charitable et suave mission se fait sentir au milieu des épines de notre chemin. D., pr., *Directeur de l'Œuvre de* ***.

CLXII A. (Seine), 12 février 1910.

Je viens d'être l'objet d'une faveur de la petite sœur de l'Enfant-Jésus. Mercredi de cette semaine j'avais un gros abcès dans la bouche ; j'en souffrais beaucoup. Jeudi, le mal avait considérablement augmenté et je ne pouvais prendre quoi que ce soit. Le lendemain vendredi était la fête de la sainte Couronne d'Epines pour laquelle j'ai une dévotion particulière. Dans l'état où je me trouvais il ne m'était pas possible d'aller à la messe. J'en étais peinée. Posant ma tête sur l'image de sœur Thérèse je lui demandai de me montrer sa compatissante protection et de m'obtenir d'aller à la messe. Cinq minutes n'étaient pas écoulées que ma langue cherchait en vain ce douloureux abcès, tout avait disparu. J. R.

CLXIII L. (Calvados), 16 février 1910.

J'avais perdu mon porte-monnaie et je ne m'en aperçus que le lendemain matin. Je suppliai sœur Thérèse de l'Enfant-Jésus de le retrouver et j'envoyai ma fille à l'endroit où je croyais l'avoir laissé tomber en me promenant. Pendant ce temps, je pris le livre de sœur Thérèse et il s'exhala des pages une odeur délicieuse, ce qui me fit supposer que j'étais exaucée.

En effet, ma fille revint bientôt et me remit triomphante le porte-monnaie. Elle l'avait retrouvé à la place indiquée ; mais ce qui est étonnant, c'est qu'on venait d'apporter à cette même place des matériaux et qu'il n'avait pas été aperçu. M. L.

CLXIV R., 18 février 1910.

J'avais la fièvre depuis 4 mois, par suite d'un empoisonnement intestinal. Depuis le jour où je mis sur moi une relique de sœur Thérèse de l'Enfant-Jésus, cette fièvre qui ne me quittait pas a disparu. J'ai promis, en action de grâces, de faire un pèlerinage à son tombeau. M. B.

CLXV   L., 19 février 1910.

Ma petite fille avait un kyste à l'œil droit et un ulcère à l'autre ; elle y sentait comme un feu qui la faisait beaucoup souffrir. Ses yeux étaient injectés de sang et j'étais obligée de la tenir toujours dans l'ombre. L'oculiste me dit que c'était grave. C'est alors, ma Révérende Mère, que je vous demandai une relique de sœur Thérèse de l'Enfant-Jésus. Dès que je la reçus, je l'appliquai sur les yeux de ma pauvre petite, et au bout de quelques instants, elle la retira en me disant : « *Tiens, maman, touche à mes yeux, ils ne sont plus chauds, je n'y ai plus mal du tout !* »

Je crois que tout le monde à l'hôpital peut bien juger qu'un pareil mal ne se guérit pas aussi vite par la médecine... Nous avons promis un pèlerinage à la tombe de sœur Thérèse de l'Enfant-Jésus et une neuvaine d'action de grâces à laquelle, ma Révérende Mère, j'ose vous prier de vous unir. Combien je vous suis reconnaissante !...   J. P.

CLXVI   C., février 1910.

Je viens de lire avec ravissement la sublime vie de sœur Thérèse de l'Enfant-Jésus. Cette vie ou plutôt les grâces que m'obtient cette sainte transforment mon âme. Oh ! ma Révérende Mère, bien que je sois un étranger pour vous, en ma qualité de prêtre j'ose me dire un ami, un frère à sauver...

Je n'oserais pas vous demander un souvenir, si petit fût-il, de votre chère sainte, je n'ai aucun titre à cela, aussi, je me contenterais, si vous ne le jugiez pas indiscret, d'un peu de terre de sa tombe.

                                                                          Abbé ***, *Curé de X.*

CLXVII   Carmel de Gallipoli, Italie, 25 février 1910.

MA RÉVÉRENDE MÈRE,

Le Cœur de Jésus a voulu se servir de moi, la plus indigne de cette Communauté, pour faire éclater son infinie miséricorde.

Je vous envoie la relation du miracle accompli en notre faveur. Mais il y a à Rome un grand document signé non seulement de toutes nos Sœurs, mais encore de l'Ill^{me} Mgr l'Evêque et d'une commission de Révérends.

Dans la nuit du 16 janvier je me trouvai très souffrante et préoccupée de graves difficultés. Trois heures venaient de sonner, et presque épuisée, je me soulevai un peu sur mon lit comme pour mieux respirer, puis je m'endormis et, en rêve, il me semble, je me sentis touchée par une main qui, faisant revenir la couverture sur mon visage, me couvrait avec tendresse. Je crus qu'une de mes Sœurs était venue me faire cette charité, et, sans ouvrir les yeux, je lui dis : « Laissez-moi, car je suis tout en sueur, et le mouvement que vous faites me donne trop d'air. » Alors une douce voix inconnue me dit : *Non, c'est une bonne chose que je fais.* » Et continuant de me couvrir : « *Ecoutez... le bon Dieu se sert des habitants célestes comme des terrestres pour secourir ses serviteurs. Voilà 500 francs, avec lesquels vous paierez la dette de votre Communauté.* » Les prenant de sa main, je répondis que la dette de la Communauté n'était que de 300 francs. Elle reprit : « *Eh bien, le reste sera en plus. Mais comme vous ne pouvez garder cet argent dans votre cellule, venez avec moi.* » Comment me lever, étant tout en sueur ? pensais-je. Alors la céleste vision, pénétrant dans ma pensée, ajouta souriante : « *La bilocation nous viendra en aide.* »

Et déjà je me trouvai hors de ma cellule en compagnie d'une jeune Sœur carmélite dont les habits et le voile laissaient transparaître une clarté de Paradis qui servit pour nous éclairer dans notre chemin.

Elle me conduisit en bas dans l'appartement du tour, me fit ouvrir une cassette en bois où il y avait la note de la dette de la Communauté et j'y déposai les 500 francs. Je la regardai avec une joyeuse admiration et je me prosternai pour la remercier en disant : « O ma sainte Mère !... » Mais elle, m'aidant à me relever et me caressant avec affection, reprit : « *Non, je ne suis pas notre sainte Mère,* JE SUIS LA SERVANTE DE DIEU, SŒUR THÉRÈSE DE LISIEUX. *Aujourd'hui, au Ciel et sur la terre, on fête le Saint Nom de Jésus.* » Et moi, émue, troublée, ne sachant que dire, je m'écriai plus encore avec mon cœur qu'avec mes lèvres : « O ma Mère... » mais je ne pus continuer. Alors l'angélique Sœur, après avoir posé sa main sur mon voile comme pour l'ajuster et m'avoir fait une caresse fraternelle, s'éloigna lentement : « Attendez, lui dis-je, vous pourriez vous tromper de chemin. » Mais avec un sourire céleste elle me répondit : « *Non, non,* MA VOIE EST SÛRE, ET JE NE ME SUIS PAS TROMPÉE EN LA SUIVANT... »

Je m'éveillai et, malgré mon épuisement, je me levai, je descendis au Chœur, et je fis la sainte Communion.

Les Sœurs me regardaient et, ne me trouvant pas comme à l'habitude, elles voulaient faire appeler le médecin. Je passai par la sacristie et les deux sacristines insistèrent beaucoup pour savoir ce que j'avais. Elles aussi voulaient absolument m'envoyer au lit et faire appeler le médecin. Pour éviter tout cela, je leur dis que l'impression d'un rêve m'avait beaucoup émue et je le leur racontai en toute simplicité.

Ces deux religieuses me pressèrent alors d'aller ouvrir la cassette, mais je répondis qu'il ne fallait pas croire aux rêves. Enfin, sur leurs instances, je fis ce qu'elles voulaient : j'allai au tour, j'ouvris la boîte et... *j'y trouvai réellement la somme miraculeuse de cinq cents francs !...*

Je laisse le reste, ma Révérende Mère, à votre considération.........

Nous toutes, nous sentons confuses d'une si immense bonté et nous appelons de nos vœux le moment de voir sur les autels la petite sœur Thérèse, notre grande protectrice.

Suor M. Carmela del Cuore di Gesù,
r. c. i.
prieure.

A L'Ange de ma Vocation [1].

J'avais seize ans alors ; et, devant moi, la vie
S'ouvrait pleine de fleurs, de parfums et de chants ;
Je voulais savourer sa coupe d'ambroisie ;
Je voulais du bonheur tous les enivrements.

Etre aimée, admirée, éviter ce qui gêne,
Vivre dans le repos, et sans jamais souffrir ;
Me bâtir un foyer dont je serais la reine :
Oui, tels étaient alors mes rêves d'avenir.

. . . .

J'allais avoir vingt ans : je connaissais le monde.
Hélas ! combien mon cœur était désenchanté !
Au lieu d'un doux nectar, pur et frais comme l'onde,
C'est un brûlant poison qu'il m'avait présenté.

Et ma soif devenait de plus en plus intense...
« Bonheur sans ombre, ô toi qui pourrais l'étancher,
« N'es-tu donc qu'un vain mot, n'es-tu qu'une apparence ?
« Ah ! dis-moi, si tu vis, où faut-il te chercher ?...

« Quand le monde m'invite à ses fêtes bruyantes,
« Haletante j'y cours, espérant te saisir :
« Mais, si je veux toucher tes formes attrayantes,
« Je vois, loin de mes mains, un fantôme s'enfuir. »

Parler modes, romans ou banales nouvelles,
Etaler son orgueil, poursuivre un fol honneur,
Médire du prochain, rire de bagatelles,
Qu'un jour ainsi rempli laisse de vide au cœur

Après ?... pensais-je au soir de ces tristes journées :
Sur cette terre, hélas ! je ne suis qu'en passant.
Après ?... Après ?... La mort tranchera mes années,
Que me restera-t-il des plaisirs d'un instant ?

Et mon âme, volant vers de plus hautes sphères,
Des choses d'ici-bas voyait la vanité ;
Pourtant, elle avait peur des brillantes lumières
Dont l'éclairait parfois le Dieu de Vérité.

---

[1] L'auteur de cette poésie vient de mourir, âgée de 28 ans, le 11 novembre 1909, au Carmel de Lisieux dont elle était devenue Prieure, le 8 mai 1908.
 A l'école de St Thérèse de l'Enfant-Jésus, cette âme, une des plus privilégiées de notre angélique sainte, se consomma rapidement dans l'amour divin. Ce fut elle qui demanda et obtint des autorités ecclésiastiques que la Cause de sa céleste bienfaitrice fût soumise à l'Eglise.

« Oh! viens, me disait-il tendrement à l'oreille,
« Je comblerai le vide immense de ton cœur ;
« Je l'emplirai de joie à nulle autre pareille ;
« Viens à moi, car moi seul peux donner le bonheur... »

Mais je demeurais sourde aux doux appels du Maître.
Moi, si fière! porter l'habit religieux!
Moi, si libre! aux vouloirs d'une autre me soumettre!
Oh! cela révoltait mon esprit orgueilleux!
. . . .

Dans ma bibliothèque, à dessein oubliée,
L'Histoire de ton âme, ô Thérèse, dormait.
Je l'avais entr'ouverte, et vite refermée,
Sans même contempler ton gracieux portrait.

« C'est une « bonne Sœur! » ne lisons pas sa vie!
« Son exemple pourrait m'entraîner, me ravir ;
« Et moi, je ne veux pas imiter sa folie,
« Je ne veux pas au cloître aller m'ensevelir! »

Ainsi j'avais pensé!... Pardon, petite Reine!
De mon dédain passé, venge-toi par l'amour.
Thérèse, il en est temps, brise ma lourde chaîne,
Arrache tout mon être à ce mondain séjour!

De ta part, on m'invite à lire ton « Histoire » :
J'en tourne les feuillets avec émotion ;
Ma défiance tombe, et je commence à croire
Que mes rêves fleuris sont une illusion.

Je rougis, te voyant vivre dès ton jeune âge,
Dans la foi, la lumière et dans la vérité :
Moi, malgré mes vingt ans, hélas! je suis moins sage,
Je vis dans le mensonge et dans l'obscurité!

Je rougis de chercher parmi la jouissance,
Le bonheur de mon âme et son rassasiement :
Tout enfant, tu savais qu'il est dans la souffrance,
Dans le mépris de soi, dans le renoncement.

Enfin, je t'aperçois, blanche et pure colombe,
Franchir d'un vol léger l'enceinte du Carmel...
Aussitôt, de mes yeux, un épais voile tombe :
Ils sont illuminés par un rayon du Ciel.

A sa douce clarté s'évanouit le doute :
J'entrevois le bonheur que mon âme cherchait ;
A sa douce clarté, je distingue ma route :
Au sommet du Carmel, le Maître m'appelait!

Et mon cœur, embrasé par la touche divine,
Ne pouvant contenir les effluves d'En Haut,
Un sanglot de bonheur souleva ma poitrine,
Des larmes, de mes yeux, s'échappèrent à flot.

. . . .

Comme un songe, sept ans, depuis ce jour de grâce,
Ont fui, rassasiant mon âme de bonheur ;
D'un bonheur si divin que rien ne le surpasse,
Que jamais rien ne peut altérer sa fraîcheur.

Mille fois sois bénie, ô ma petite Reine,
De m'avoir attirée en ton cloître fervent !
Plus que le monde entier, je l'aime cette arène
Où je lutte... où je veux succomber en chantant !

Je t'aime, Habit sacré fait de grossière bure ;
Oh ! oui, je te préfère aux tissus précieux !
Je t'aime, Obéissance immolant ma nature,
Pauvreté qui m'achète un trésor dans les Cieux.

Ah ! puisqu'il est encor, sur les sentiers du monde,
Des cœurs que ses plaisirs laissent inassouvis,
Thérèse, porte-leur cette coupe profonde
Qui les enivrera de bonheurs infinis.

Sous ta blanche bannière, ô ma Reine chérie,
Sous ton sceptre rassemble une nombreuse cour
De *héros* qui vivront ton *enfantine* vie,
Et mourront comme toi VICTIMES DE L'AMOUR.

Sr MARIE-ANGE DE L'ENFANT-JÉSUS.
Carmel de Lisieux.

30 septembre 1907.

Les Carmélites de Lisieux demandent aux personnes qui reçoivent des grâces, attribuées à l'intercession de sœur Thérèse de l'Enfant-Jésus, de bien vouloir, sans tarder, les faire connaître à leur monastère.
Elles remercient des relations déjà envoyées, ainsi que des dons offerts en reconnaissance des grâces obtenues, — dons de toute nature, gardés précieusement et discrètement, jusqu'au jour où il sera permis de les exposer et de s'en servir —: ex-voto de marbre blanc, objets d'art, dentelles de prix, bijoux d'or, pierreries, etc. ; dons en argent, faits en vue des frais du Procès de Béatification.

PRIÈRE

*pour obtenir la béatification
de la Servante de Dieu THÉRÈSE DE L'ENFANT-JÉSUS
et de la SAINTE FACE.*

O Jésus, qui avez voulu vous faire petit enfant, pour confondre notre orgueil, et qui, plus tard, prononciez cet oracle sublime : « *Si vous ne devenez comme de petits enfants, vous n'entrerez point dans le Royaume des Cieux* », daignez écouter notre humble prière, en faveur de celle qui a vécu, avec tant de perfection, la *vie d'enfance spirituelle* et nous en a si bien rappelé la voie.

O petit Enfant de la Crèche ! par les charmes ravissants de votre divine enfance ; ô Face adorable de Jésus ! par les abaissements de votre Passion, nous vous en supplions, si c'est pour la gloire de Dieu et la sanctification des âmes, faites que bientôt l'auréole des Bienheureux rayonne au front si pur de votre petite épouse THÉRÈSE DE L'ENFANT-JÉSUS ET DE LA SAINTE FACE. Ainsi soit-il.

Imprimatur :

21 novembre 1907. THOMAS, *év. de Bayeux et Lisieux.*

O Dieu, qui avez embrasé de votre Esprit d'amour l'âme de votre servante, THÉRÈSE DE L'ENFANT-JÉSUS, accordez-nous de vous aimer, nous aussi, et de vous faire beaucoup aimer. Amen.

50 jours d'indulgence.

17 juillet 1909. † THOMAS, *év. de Bayeux et Lisieux.*

Tiré de l'HISTOIRE D'UNE AME, ou Vie de Sʳ Thérèse de l'Enfant-Jésus (60ᵉ mille), ouvrage revêtu de l'Imprimatur de Mgr Lemonnier, évêque de Bayeux et Lisieux.

Prix de cet opuscule : **0** fr. **50**.

BAR-LE-DUC. — IMPR. S.-PAUL
36, BOULEVARD DE LA BANQUE. — 3414,3,10.

www.ingramcontent.com/pod-product-compliance
Lightning Source LLC
LaVergne TN
LVHW050556090426
835512LV00008B/1187